Une Histoire de Cure

racontée par un Journaliste

CINQUIÈME ÉDITION.

PRIX : Deux francs.

Société de Saint-Augustin,
Desclée, De Brouwer et Cⁱⁱᵉ,
Imprimeurs des Facultés catholiques de Lille. 1884.

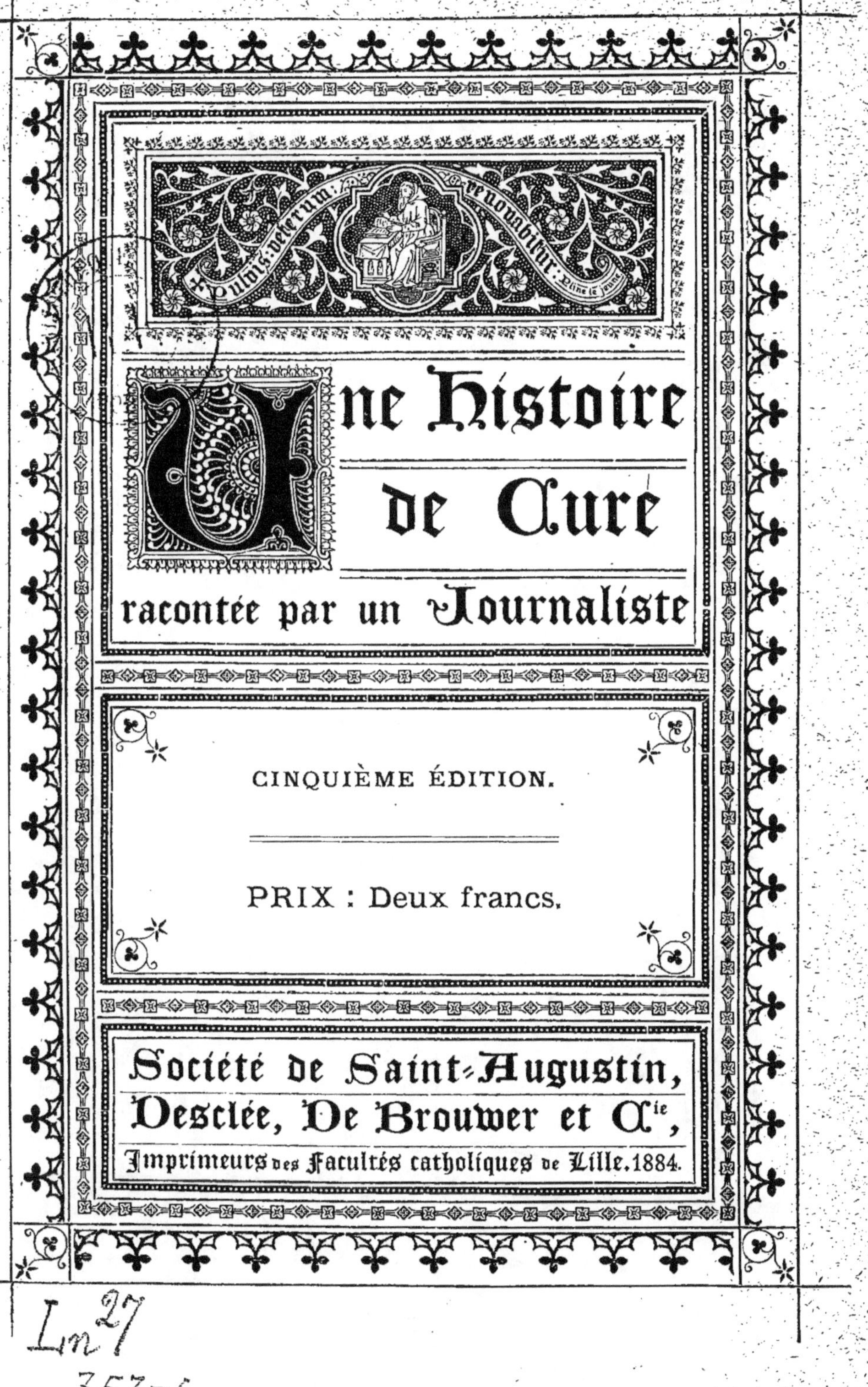

Une Histoire de Cure

racontée par un Journaliste

CINQUIÈME ÉDITION.

PRIX : Deux francs.

Société de Saint-Augustin,
Desclée, De Brouwer et Cie,
Imprimeurs des Facultés catholiques de Lille. 1884.

A QUOI bon ?... Pour qu'on ne la lise pas ?

Neuf fois sur dix les préfaces sont ennuyeuses ou inutiles ; neuf fois sur dix conséquemment le lecteur passe outre.

Qu'a besoin, par exemple, le lecteur de savoir que je vais lui raconter l'histoire d'un homme qui, né à Dieppe (Seine-Inférieure), le 8 juin 1802, et mort à Gergovie (Puy-de-Dôme), le 27 décembre 1877, fut pendant 13 ans artiste dramatique et pendant 42 années séminariste, vicaire, puis curé ?

Peu lui importe d'apprendre que cet homme, qui s'appelait Olivier, a laissé en guise d'héritage un gros paquet de lettres qu'une main complaisante m'a fait tenir, ce qui m'a permis, grâce à quelques renseignements supplémentaires puisés çà et là, de reconstituer cette curieuse existence.

Dirai-je au lecteur qu'il trouvera dans ce récit la preuve qu'une véritable vocation religieuse peut naître, grandir et se fortifier même au théâtre ? qu'il n'y a pas d'obstacles insurmontables pour ceux que Dieu veut faire siens ?

Ajouterai-je qu'à une époque où les plus menus détails de l'existence des hommes et des femmes de théâtre sont gravement relatés par les journaux les plus répandus, occupent dans ces journaux plusieurs colonnes sous **une** rubrique spéciale, et débordent même parfois du journal dans le livre — le tout à seule fin de nous édifier sur les caprices peu édifiants de la tragédienne X... ou sur *les bonnes fortunes du ténor Z... — ajouterai-je qu'il m'a semblé que l'histoire d'un comédien devenu prêtre pouvait offrir, sinon un intérêt égal, du moins une édification plus réelle ?*

Ce serait de la fatuité et du verbiage.

Si on lit ce récit, c'est qu'on le trouvera intéressant ; quand on l'aura lu, on saura bien mieux ce qu'il contient qu'en parcourant seulement une préface.

Donc, pas de préface, — à moins que les lignes qui précèdent ne soient considérées comme une préface quand même par le lecteur, — auquel cas j'en serais désolé !

CHAPITRE PREMIER.

Rue du Canteleux, n° 83.

CETTE indication, tracée d'une main malhabile sur un morceau de carton malpropre, s'étalait sur la porte d'une très modeste chambre, située au 4ᵉ étage du n° 83 de la rue du Canteleux, à Douai.

Les quatre gaillards qui venaient de gravir l'escalier tout d'une haleine, au moment où commence ce récit, (un dimanche du mois de janvier 1822, vers 9 heures du matin,) n'en avaient pas besoin pour savoir où frapper.

Le logis leur était familier, et leurs relations avec le propriétaire d'icelui non moins familières, puisque, à peine arrivés devant la porte, ils se mirent à tambouriner joyeusement avec une vigueur qui faisait honneur tant à la solidité de leurs poings qu'à celle de la porte elle-même.

Le tambourinement était entremêlé de bruyantes exclamations :

— Olivier ! Olivier !

— Le paresseux qui dort encore !

— Olivier ! c'est nous !

— Frère Jacques, dormez-vous ?

Mais rien n'y fit, pas plus exclamations que tambourinement : aucune voix ne répondit, la porte resta close.

— Lui serait-il arrivé malheur ? dit un des jeunes gens devenu subitement inquiet.

— Hier encore il a passé la soirée avec nous ; ce serait étrange, tu l'avoueras, Gallus ?

— Étrange, en effet, Birkadem ! murmura celui qu'on venait d'appeler Gallus.

— Si vous voulez, dit un troisième, dont l'accent et la tournure trahissaient l'origine anglaise, je vais enfoncer la porte pour savoir ce qu'il en est.

Déjà sa robuste épaule s'apprêtait à faire l'office de bélier, quand un pas retentit dans l'escalier. Les têtes se penchèrent curieusement sur la rampe.

— C'est lui ! c'est lui ! crièrent les quatre jeunes gens d'une seule voix.

Le pas devint plus rapide, et bientôt apparut un grand et beau jeune homme d'environ vingt ans, hardiment découplé, au visage ouvert et souriant, aux yeux d'un bleu tendre et doux : c'était *lui*, « Olivier, garsson de magazin. »

Sa main fut serrée avec effusion par les quatre visiteurs, la porte prestement ouverte et la chambre envahie.

— Ah ! ça, d'où viens-tu, à cette heure-ci ? interrogea railleusement Birkadem en jetant sur le lit où s'étaient installés, faute de chaises, deux des jeunes gens, un regard qui lui apprit d'ailleurs que le lit était défait.

— D'où je viens ? répondit sans embarras Olivier ; de la messe.

— De la messe !! s'exclama Birkadem au comble de la stupéfaction.

— De la messe !! répéta comme un écho docile un garçon confiseur baptisé du sobriquet de *Postillon*, parce qu'il ne pouvait prononcer deux mots de suite sans cribler de *postillons* son interlocuteur.

— Eh ! oui ! de la messe ! reprit Olivier, étonné tout le premier de l'étonnement qu'il suscitait.

Birkadem, — commis en librairie, qui posait pour l'esprit fort, — laissa tomber un : « Pauvre ami ! je ne te savais pas ce défaut-là ! » qui fut souligné par un sourire non moins dédaigneux de Postillon, fervent admirateur de Birkadem.

Gallus et l'Anglais ne disaient mot.

— Si c'est un défaut, dit Olivier avec un bon sourire, je l'ai en tous cas depuis longtemps. Autrefois, en effet, quand j'étais à Pont-Audemer, où j'ai été élevé par une vieille tante qui remplaça auprès de moi mon père et ma mère morts lorsque j'étais tout petit, je servais la messe tous les jours. Je suis même resté enfant de chœur jusqu'à 18 ans, c'est-à-dire jusqu'au moment où j'ai quitté Pont-Audemer pour Douai. J'adore les cérémonies : l'encens, les cierges, l'orgue, les chants, tout cela me ravit. Je resterais trois heures de suite à l'église sans m'ennuyer....

— Mais tu n'es qu'un jésuite, alors ! mugit Birkadem en croisant les bras d'un air indigné.

— Je ne sais pas trop ce que c'est qu'un jésuite, mais si on est jésuite parce qu'on va à la messe, je suis un jésuite, oui !

— Allons ! allons ! interrompit Gallus, qui, en sa qualité de clerc de notaire, intervenait généralement à

titre d'élément conciliateur pour apaiser les petites discussions qui s'élevaient parfois entre les cinq amis, Olivier est bien libre d'aller à la messe si bon lui semble ;
cela ne saurait te gêner, Birkadem ! Olivier n'en est
pas moins un loyal camarade que nous aimons tous et
qui nous le rend bien...

— Oh ! oui, dit Olivier.

— D'ailleurs nous ne sommes pas venus aujourd'hui
pour nous livrer à des controverses religieuses. Il s'agit
de tout autre chose. Nous avons l'honneur de t'apprendre, mon cher Olivier, que notre ami John Daily, ici
présent, va quitter après-demain Douai pour Paris : un
des principaux architectes de la capitale lui a offert une
place dans ses bureaux, et il a accepté. En conséquence,
aujourd'hui, grand dîner d'adieux auquel tu es convié,
naturellement.

— Comment ! John, tu nous quittes ? dit Olivier en
allant serrer la main à l'Anglais.

— *Aoh ! yes !*

— Il ne peut refuser les offres qu'on lui fait, dit Birkadem ; ce serait une folie. Quel que soit le regret que nous
éprouvions à nous séparer de lui, nous faisons passer son
intérêt avant notre agrément. Est-ce ton avis, Olivier ?

— Il le faut bien.

— John prétend même, ajouta comme à regret Gallus, qu'il connaît à Paris un de ses amis qui est premier
employé dans un grand magasin de nouveautés et que,
si tu voulais partir avec lui, il te ferait entrer dans la
maison avec de bien meilleurs avantages que ceux que
tu peux trouver ici.

Olivier consulta du regard John Daily, qui fit de la
tête un signe affirmatif.

Il y eut un silence.

— Cela me ferait trop de peine de vous quitter, dit enfin Olivier.

— Écoute, Olivier, dit Gallus, je te répéterai ce que disait tout à l'heure Birkadem en parlant de John : quel que soit le regret que nous éprouvions à nous séparer de toi; nous devons faire passer ton intérêt avant notre agrément. Réfléchis à la proposition et allons faire un tour en attendant le dîner : tu te prononceras au dessert.

La bande, redevenue joyeuse, s'engouffra comme un tourbillon dans l'escalier.

. . . .

Le surlendemain, Olivier partait avec John Daily pour Paris ; les adieux furent touchants ; on s'embrassa les larmes aux yeux. Postillon, voyant Birkadem ému, ne put faire moins que de pleurer comme un veau ; on se promit mutuellement de s'écrire, promesse qui, comme on le verra à la fin de cette histoire, ne devait être tenue, en ce qui concerne Gallus et Olivier, qu'un demi siècle plus tard.

La vie a de ces ironies.

CHAPITRE DEUXIÈME.
Où l'auteur se croit obligé de prévenir une objection du lecteur.

QUE le lecteur ne s'étonne pas de la promptitude avec laquelle Olivier avait pris un parti aussi grave que celui qui consistait à abandonner l'existence assurée du jour pour affronter les hasards du lendemain. une ville qu'il connaissait et où il comptait de bons amis, pour Paris, où de vagues promesses seulement l'attendaient : les péripéties essuyées depuis son enfance avaient rendu son humeur vagabonde ; d'instinct il était un peu *bohème*, comme on dit.

Ayant à peine connu son père et sa mère, il avait dû d'abord à la charité des voisins, puis à la sollicitude d'une vieille tante, de manger à peu près tous les jours et d'apprendre plus tard, à bâtons rompus, un peu — bien peu ! — de B A BA.

Son caractère, naturellement doux, ne s'était nullement ressenti de ces commencements difficiles ; par tous les moyens possibles il cherchait au contraire, encore enfant, à se rendre utile à ceux qui lui rendaient service.

Son plus grand bonheur, — il nous l'a dit tout à l'heure, — était de servir la messe : au pied de l'autel, revêtu d'une petite soutane rouge et d'un surplis, il oubliait ses misères.

Les jours de grande fête, quand l'Église déploie toutes ses pompes, il fût resté la journée entière sans prendre une miette de pain, rassasié par l'odeur de l'encens et la vue des cérémonies.

— Singulier petit bonhomme ! disait un des vicaires de Pont-Audemer qui l'avait remarqué et lui faisait réciter son catéchisme.

Donc, toujours content, obligeant à toute heure, affectueux et surtout pas fier, Olivier ne devait rencontrer que des amis sur sa route.

Il en trouva beaucoup en effet, les lettres qui m'ont donné l'idée et facilité la tâche d'écrire ce récit en offriront la preuve.

J'ai dit qu'il n'était pas fier : on a vu au début de ce récit qu'il s'intitulait lui-même modestement « garsson de magazin ».

Or, l'emploi qu'il occupait dans une maison de nouveautés de Douai tenait plutôt du commis que du garçon de peine.

Un autre eût mis sur ses cartes : « Commis en nouveautés ; » lui se considérait tout uniment comme un simple garçon de magasin et l'écrivait sur sa porte.

Ah ! modestie, modestie ! que tu deviens rare ! Et que j'en connais, de plus instruits sans doute que ne l'était Olivier, mais de moins méritants aussi, qui enflent leurs talents au lieu de les diminuer et qui, loin de dissimuler leurs titres, mettent en vedette surtout ceux qu'ils n'ont pas le droit de porter !

Donc, Olivier était modeste ; il était non moins nomade ; et si je me suis laissé entraîner à raconter ce qu'on vient de lire (ou de ne pas lire), c'est pour prouver qu'avec ce tempérament-là, né de l'absence de famille et de la nécessité de gagner son pain n'importe où, il n'était pas étonnant qu'il se fût décidé en 48 heures à suivre l'ami Daily (John) à Paris.

CHAPITRE TROISIÈME.
A Paris.

OHN Daily, qui était pratique — comme un Anglais — ne s'était pas trop avancé en se faisant fort de trouver à Paris un emploi avantageux en faveur de son camarade Olivier.

Le lendemain même de leur arrivée dans « la capitale », — on ne disait pas encore la Ville-Lumière ! — Olivier entrait à raison de 80 francs par mois à l'*Arc-en-Ciel*, — un magasin qui assurément eût été pris pour un ciron en comparaison du *Louvre* ou du *Bon-Marché* de 1884, mais qui avait une clientèle sûre et suivie, et où l'acheteur ainsi que le vendeur trouvaient moyen, l'un, de ne pas se ruiner en fantaisies inutiles et coûteuses, l'autre, de réaliser d'honnêtes bénéfices sans *empaumer* le client.

Le soir de son entrée en fonctions, Olivier eut froid au cœur en pénétrant dans le *garni* où il avait loué une chambre à aussi bas prix que possible.

Ce grand Paris lui avait fait un peu peur ; Olivier avait dans les oreilles un bruissement sourd, semblable à celui que l'on conserve pendant quelques instants lorsqu'après être resté devant une cataracte, on s'en éloigne.

Sa chambre ne lui faisait pas, après le tohu-bohu de la journée, l'impression de repos et de solitude qu'il espérait rencontrer.

Une chambre garnie de 7 francs par mois ! à Paris ! on devine ce que cela pouvait être, même en 1822.

Ah ! qu'il était loin de sa chambrette de Douai, le pauvre Olivier !

Elle n'était pas luxueuse, il s'en faut, celle-là : un lit, deux chaises, une table, c'était tout son mobilier. Mais elle était proprette, avenante, et dès que le soleil se montrait, Olivier avait l'étrenne de ses rayons ; alors il se sentait tout de suite l'envie de chanter.

Ici, quel changement ! un mauvais papier peint, un mauvais lit, de mauvais rideaux, une mauvaise table, un mauvais semblant de fauteuil, et, pour brocher sur le tout, absence d'air et de propreté.

Olivier devinait que dans ce taudis on ne devait connaître le soleil que de réputation, par ouï-dire.

En province, au moins, il se sentait vivre ; à Paris, il ne s'était pas appartenu un seul instant depuis le matin, et il venait échouer, rompu, moulu, ahuri, sur ce grabat !

Lui, l'isolé de naissance, se sentit plus isolé que jamais dans ce désert d'un million et demi d'habitants ; un moment on eût pu croire qu'il allait pleurer.

Mais sa bonne humeur reprit le dessus. Après un « Ah ! bah ! » philosophique, il sourit, se déshabilla, s'agenouilla un peu plus longuement qu'il ne le faisait d'habitude, se coucha et dormit si bien, grâce à ses vingt ans, qu'Olivier, qui n'était pourtant pas ambitieux, rêva que le propriétaire de l'*Arc-en-Ciel* lui offrait de devenir son associé.

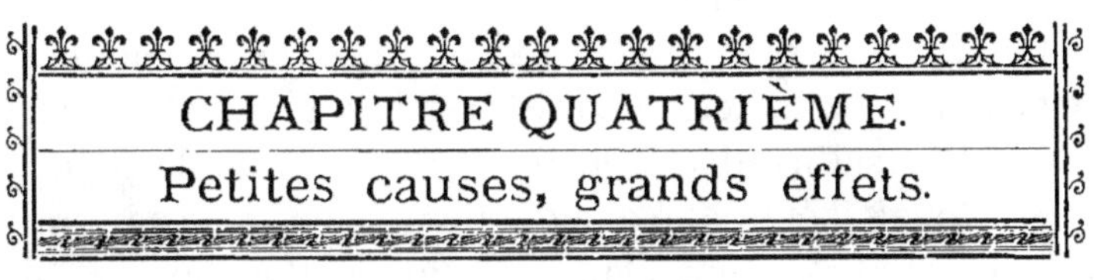

CHAPITRE QUATRIÈME.
Petites causes, grands effets.

Comme ça, Olivier, vous aimez le théâtre ?

— A la folie.

— Seulement ça coûte cher.

— A qui le dites-vous ?

— Je connais pourtant un moyen, moi, d'entendre la comédie sans payer.

— Oh !

— Comme j'ai l'honneur de vous le dire.

— Et comment cela ?

— Venez dimanche prochain à notre cercle et vous verrez.

— Je veux bien.

— Alors, c'est entendu ?

— Deux fois plutôt qu'une.

— Comme vous ne connaissez pas encore Paris, j'irai vous prendre ; de plus, comme je demeure de votre côté, je vous reconduirai.

Olivier était ravi, littéralement ravi de cette proposition du premier employé de l'*Arc-en-Ciel*, — celui que connaissait John Daily et grâce auquel Olivier gagnait présentement 80 francs par mois.

Après l'église — pardon du rapprochement, mais Olivier n'y entendait pas plus malice qu'irrévérence, — après l'église le théâtre était ce qu'il aimait le mieux.

Pour lui le comble du bonheur, le dimanche, se résumait en ceci : le matin, la messe ; le soir, la comédie.

Olivier n'essayait même pas de raisonner ce double penchant contradictoire : il cédait à un entraînement presque aussi irréfléchi en ceci qu'en cela, voilà tout.

A Douai, il était allé quelquefois au spectacle en compagnie de Birkadem, Daily, Gallus et Postillon, et il en était toujours revenu ensorcelé. Mais à Paris, ce devait être bien plus beau. Je ne jurerais même pas que le désir de s'en assurer ne fût entré pour quelque chose dans la détermination d'Olivier de suivre John Daily.

Dans ces conditions, on comprend avec quel enthousiasme il accueillit la proposition du premier employé de l'*Arc-en-Ciel*, et on devine si, le dimanche suivant, il fut fidèle au rendez-vous.

L'endroit où on le conduisit n'avait pourtant rien de féerique.

Une pièce froide et nue, pouvant contenir environ 40 personnes (à la condition qu'elles y missent de la bonne volonté), située au 6e étage, recevant le jour directement du ciel par une fenêtre à tabatière, et précédemment occupée par un petit peintre, — tel était le local pompeusement qualifié de « cercle » par l'introducteur d'Olivier.

Là se réunissaient, principalement le dimanche, un certain nombre de commis en nouveautés du quartier, qui se cotisaient pour payer la location du « cercle », boire des bols de vin chaud ou de la bière, taquiner le domino, et de temps en temps aussi jouer la comédie.

En ce cas, la scène était représentée par quelques planches que soutenaient transversalement trois bancs ; de vieilles étoffes obtenues des « patrons », *rossignols* devenus invendables (pas les patrons, les étoffes), servaient à figurer le rideau, les coulisses et les décors.

Sur ce théâtre improvisé, les *artistes* de la bande jouaient la comédie en vogue.

L'après-midi du jour où Olivier fit son entrée dans le « cercle », on répétait justement en vue d'une représentation fixée au mardi gras.

Du coup, notre jouvenceau tomba sous le charme. La Comédie-Française ne l'eût pas plus complètement ébloui.

Les répétitions continuèrent les soirs suivants, après la fermeture du magasin : Olivier n'en manqua pas une ; de telle sorte que, quand le jour de la représentation arriva, il savait certains rôles aussi bien que s'il eût dû les jouer lui-même.

Car il arriva, ce grand jour, ni plus tard ni plus tôt que les autres, — à la grande impatience d'Olivier, qui estimait que les heures étaient bien lentes.

Pour la circonstance, on avait lancé quelques invitations, restreintes, cela va de soi, en raison des dimensions de la salle. Parmi les invités se trouvait le directeur d'un théâtre de province (celui de Lorient), en quête d'artistes, et qui s'était laissé entraîner au « cercle » un peu à son corps défendant, dans l'espérance confuse d'y découvrir quelque recrue.

Sa présence stimula l'ardeur des comédiens improvisés ; chacun d'eux s'apprêtait à faire merveille, quand tout à coup un bruit sinistre se répandit : l'artiste chargé d'un des rôles principaux, — un rôle comique, — était sérieusement souffrant et dans l'impossibilité absolue de tenir son emploi.

Ce fut comme un coup de foudre : tout était perdu !

Navré de la déconvenue générale, et piqué peut-être aussi du désir de ne pas manquer une récréation qu'il avait escomptée ardemment, Olivier s'offrit à suppléer l'artiste empêché.

Tout était sauvé ! Hurrah pour Olivier !

La représentation commença, se continua, et finit au milieu d'applaudissements frénétiques.

Olivier joua son rôle avec une grande inexpérience scénique sans doute, mais avec tant de brio et de naturel qu'il fut le héros de la soirée.

Le directeur du théâtre de Lorient, *empoigné* comme les autres, et flairant un artiste d'avenir dans ce commençant, l'aborda après la pièce et, sans plus de façons, lui offrit un engagement.

Olivier crut voir les étoiles en plein midi.

— Pour Lorient ? dit-il au bout de quelques minutes.

— Pour Lorient.

— Ce n'est pas pour rire ?

— Rien de plus sérieux. Demain, si vous le voulez, nous signerons.

— Demain, c'est un peu tôt, mais dans huit jours...

— Dans huit jours, soit !

— Le temps de prévenir mes patrons...

Cela voulait tout dire et disait tout en effet.

Huit jours plus tard, l'engagement était signé.

CHAPITRE CINQUIÈME.
En route pour Lorient (ou l'Orient).

Ici le lecteur me permettra de l'interpeller pour lui dire que si je viens d'écrire : *pour Lorient (ou l'Orient)*, c'est avec le dessein, non de commettre un inepte calembour, mais d'être historien véridique. Ce qui va suivre n'est pas un conte inventé à plaisir, c'est la vérité vraie.

Le lecteur me fera-t-il l'honneur de m'en croire sur parole ?

Il est trop bien élevé pour ne pas dire *oui*.

Sur ce, je continue.

. . . .

M. Pépin, directeur du théâtre de Lorient, et M. Olivier, artiste dramatique, occupent le coupé de la diligence.

Olivier regarde curieusement la campagne pendant que M. Pépin dort.

A un détour du chemin une ville apparaît.

OLIVIER. — Monsieur Pépin, n'est-ce pas Jérusalem ?

M. PÉPIN *(se réveillant)*. — Hein !

OLIVIER. — N'est-ce pas Jérusalem qu'on aperçoit là-bas ?

M. PÉPIN *(tout à fait réveillé)*. — Jérusalem !... Hem ! Hem ! il paraît que vous ne dédaignez pas la plaisanterie, vous ?

OLIVIER. — Je...

M. PÉPIN *(interrompant)*. — Bien ! Bien !... Pour un comique, ce n'est pas défendu.

(M. Pépin se retourne et reprend son somme.)
Une heure après :

OLIVIER *(à M. Pépin qui vient de se réveiller définitivement)*. — Je trouve que c'est bien long à venir.

M. PÉPIN. — Quoi ? Lorient ?

OLIVIER. — Oui, l'Orient !

M. PÉPIN. — C'est qu'il y a un joli ruban de chemin de Paris à Lorient.

OLIVIER. — N'apercevrons-nous pas au moins bientôt Jérusalem ?

M. PÉPIN. — Il y tient !

OLIVIER. — Certainement, que j'y tiens !

M. PÉPIN *(moitié riant, moitié sérieux.)* — Est-ce que vous allez me monter cette *scie* encore longtemps ?

OLIVIER. — Une *scie !*

M. PÉPIN. — Une mauvaise plaisanterie, si vous voulez.

OLIVIER. — Je ne me moque nullement... Vous m'avez dit que vous m'engagiez pour l'Orient : je compte bien voir Jérusalem, Bethléem...

M. PÉPIN *(stupéfié)*. — ! ! ! !

Notre excellent Olivier ne se moquait nullement, ainsi qu'il le disait : peu ferré en géographie, il s'était de bonne foi fait acteur, croyant accomplir du même coup un pèlerinage qu'il avait souvent rêvé.

Brutalement désillusionné, il dut peut-être regretter à ce moment d'avoir signé le traité qui le liait à M. Pépin.

Mais c'était trop tard : il avait brûlé ses vaisseaux.

Acteur il avait promis d'être, acteur il devait rester pendant treize ans.

CHAPITRE SIXIÈME.
Vieux·Papiers.

« Monsieur,

« Je vous demande bien pardon de la liberté que je prend de vous écrire, ne pouvant me présenter devant vous par indisposition. Mme Cio m'a communiquez les intentions que l'on avait de jetter un billet pour me demander. Je remercie infiniment ces messieurs, ils ont beaucoup d'indulgence envers ma personne. Je suis jeune commédien ; Monsieur Pépin, ancien commédien et directeur, il ne me juge pas assez de force dans l'état pour remplir le but dont il céttait proposé ; ses intentions en prenant un autre comique sachant son répertoire, et moi ne le sachant pas, était pour offrir au publique des pièces et des nouveautés que je ne peus jouer sans les savoir.

» Vous le voyez son but n'était que pour plaire au publique.

» Je vous prirai donc monsieur en grâces si vous connaissez la personne qui doit jetter ce billet de ne pas le faire, cela me ferai beaucoup de torts dans l'esprit de mes camarades, qui croient déjà que je me fais un parti ; vous me rendriez victime en me comblant de vos bontés et de vos indulgences.

» En le faisant vous obligerez celui qui se fera toujours un devoir de faire tout ce qui dépendra de moi pour satisfaire le publique.

» Je suis avec soumission et respects

» OLIVIER, *artiste.*

» Lorient, le 26 octobre. »

Cette lettre que je viens de transcrire sans y changer un iota, et dont le brouillon existe dans les papiers que je possède, prouve non seulement qu'Olivier massacrait l'orthographe et la grammaire comme ci-devant, mais encore que ses débuts dans la carrière dramatique n'avaient pas été à la hauteur des espérances conçues par M. Pépin.

En revanche, on voit qu'à Lorient comme ailleurs son excellente nature lui avait conquis de chaudes sympathies.

D'autres à sa place eussent exploité ces sympathies contre leur directeur ; mais Olivier ne se chauffait pas de ce bois-là.

Avec quelle bonhomie il raconte que son directeur ne le trouve pas «de force» et que, s'il le congédie, c'est que le but de M. Pépin est de « plaire au publique ! »

Olivier, mon ami, on n'est pas modeste à ce point-là.

Et si ta lettre tombait sous les yeux d'un de ces cabotins de notre époque qui trouvent que la croix de la Légion d'honneur est insuffisante à récompenser la grâce avec laquelle ils reçoivent des coups de pied dans le... dos, comme ils hausseraient les épaules !

Un comédien qui ne se fait pas valoir et qui, — pour parler l'argot des coulisses, — se *débine* lui-même au lieu de *débiner* son directeur ! un comédien qui avoue qu'ils n'est pas « de force » et que son directeur a raison contre lui ; mais ce n'est pas un artiste, c'est une *perruque*, un *épicier !*

D'ailleurs, ce n'est pas seulement au théâtre qu'Olivier serait jugé de la sorte aujourd'hui. La modestie ne mène à rien ; c'est par le *toupet* qu'on arrive maintenant, en politique aussi bien qu'en littérature et en autre chose.

Olivier, on voit bien que tu vivais en 1822 !...

Mais si, même à cette date, tu étais en retard, sous le rapport du *toupet*, sur tes contemporains, que dirait-on donc de toi en 1884 ?

CHAPITRE SEPTIÈME
Vieux papiers *(suite)*.

J'EN ai haut comme ça devant moi, de vieux papiers, au moment où j'écris ces lignes.

Il y en a de toutes les écritures, de tous les formats, de toutes les dates.

Les uns sont jaunis par le temps, d'autres sont usés aux angles ; quelques-uns ont même été attaqués par les rats, qui sont sans pitié, comme les enfants, — du moins à en croire La Fontaine, qui ne les aimait pas (les enfants).

C'est avec curiosité que, la première fois, j'ai mis le nez dans ce fatras ; c'est avec intérêt ensuite que j'ai rangé ces lettres par ordre chronologique ; à cette heure, c'est avec mélancolie que je les passe en revue.

Que sont devenus ceux qui les écrivirent ?

Morts pour la plupart !

Je pourrais imprimer ici leurs noms en toutes lettres sans m'exposer à des réclamations du genre de celles que — sauf votre respect, lecteurs — Zola s'attira à propos de *Pot-Bouille*.

LE LECTEUR. —Qu'est-ce que cela me fait, à moi, que vous soyez mélancolique ou non ?

MOI. — C'est trop juste.

LE LECTEUR. — Apprenez-moi plutôt ce que devint Olivier après son insuccès de Lorient.

MOI. — C'est ce que je vais faire.

Olivier n'était pas de nature à se décourager, et pour cause : ne fallait-il pas manger ?

Il comprit que les dispositions naturelles ne pouvaient remplacer le travail, au théâtre comme ailleurs, et reprit courageusement la route de Paris, où il se mit à étudier son art avec passion.

Il y retrouva son ami Daily et même le « cercle », ce fameux cercle où on lui fit une ovation.

On s'inquiéta peu de savoir s'il avait ou non réussi à Lorient : depuis son départ, le nom d'Olivier était, dans les magasins du quartiers, le thème d'interminables variations.

Le « cercle » avait fourni un artiste *di primo cartello* au théâtre de Lorient ; le Conservatoire n'avait qu'à se bien tenir.

Heureusement pour lui, Olivier ne se contenta pas des triomphes trop faciles qu'il obtenait « au cercle ». Obstiné à l'étude, il se mit en état de monter sur des scènes d'abord modestes, ensuite plus importantes, témoin le billet suivant, soigneusement conservé par Olivier :

« Lorsque monsieur Olivier voudra bien se présenter à l'Élysée-Bourbon, chez M. Cuchetet, commissaire général de la Maison de Madame, duchesse de Berry, il lui remettra, de la part de Son Altesse Royale, *soixante* francs, prix le plus élevé de *deux* loges au théâtre de M. Seveste.

» Paris, le 23 mars 1826. »

Évidemment, le théâtre de M. Seveste n'était pas un *bouis-bouis*, ni Olivier un comique de 15ᵉ classe, pour que Madame la duchesse de Berry fît retenir et payer deux loges à ce théâtre, sans doute à l'occasion d'une représentation au bénéfice de notre artiste.

CHAPITRE HUITIÈME.
Copie de lettres.

IL ne m'est pas possible de suivre Olivier pas à pas dans toutes ses étapes théâtrales de 1826 à 1835 : je le ferais, du reste, que le lecteur hésiterait peut-être à me suivre.

Or, comme mon désir est de ne rien hasarder qui puisse m'exposer à voir le lecteur me fausser compagnie, je suis obligé de me borner, suivant le précepte de Boileau.

Pour ce faire, nous allons de conserve, ami lecteur, (style de 1830,) butiner ce qu'il y a de plus intéressant dans les lettres reçues par Olivier pendant cette période de dix années. De la sorte nous nous mettrons sans fatigue au courant de son Odyssée dramatique, et nous acquerrons à chaque pas une nouvelle preuve que notre héros méritait vraiment de finir ailleurs que sur les planches d'un théâtre.

Une ! deux ! trois !.... Je commence.

« A Monsieur Olivier, artiste, rue de Condé, 10, Lorient.

« Quimper, 15 décembre 1826.

« Nous avons appris avec satisfaction, maman et moi, l'accueil flatteur que les habitants de Lorient vous ont fait à votre arrivée ; il est impossible, mon cher Monsieur Olivier, qu'il en soit autrement à l'égard d'un naturel si doux et qui, sous tous les rapports, vous captivera toujours l'estime et la bienveillance des personnes que vous fréquenterez.

» Nos Quimperois vous ont également donné de fortes preuves de leur amitié et du regret que votre départ leur a fait éprouver. Je puis même vous donner l'assurance que l'on apprendra avec joie la nouvelle de votre retour dans notre ville....

« C.....»

En quittant Paris, Olivier était donc allé à Quimper, puis à Lorient. Il avait tenu, quoique modeste, à vaincre sur le théâtre de sa première défaite. On peut bien lui passer cette satisfaction d'amour-propre : si, à Lorient, il ne trouva pas plus Jérusalem cette fois-ci que la première, au moins il y rencontra le succès.

« Monsieur Olivier, artiste dans la troupe de M. Fradin, à Montauban.

« Castres, 13 septembre 1827.

« Mon tendre et fidèle ami,

« ... J'ai parlé à une personne de qualité *(sic)* il y a trois jours, avec qui nous avons conféré ensemble. Elle m'a bien dit que cela serait un peu difficile de vous faire placer dans quelque bureau. Mais malgré cela elle m'a promis qu'elle ferait tous ses efforts pour vous y faire entrer.

» Vous aurez la bonté de m'écrire dans peu de temps une lettre dans laquelle vous mettrez que vous désireriez beaucoup venir, et me prieriez de vous chercher une place. Je ferai voir, comme vous pensez, cette lettre à la personne ci-dessus....

« Frédéric P.... »

Il paraît que notre Olivier ressentait déjà des velléités d'abandonner la carrière dramatique.

« Agen, ce 1er mars 1828.

« Je souhaite le bonjour à Monsieur Olivier et lui rappelle que c'est aujourd'hui qu'on mange des beignets et qu'on l'attend pour faire la pâte.

« M ..... »

Encore un talent que nous ne lui connaissions pas.

Aïe! Aïe!... Il semblerait résulter de ce qui suit qu'Olivier ne fut pas aussi heureux à Agen qu'à Quimper :

« *Monsieur Olivier, dans la troupe de M. Dorval, à Carpentras.*

« Agen, 3 mai 1828.

« Nous sommes tous bien contents de votre réussite à Carpentras, car un homme qui se comporte bien comme vous, le bon Dieu ne l'oublie pas.

» M. Manuel, le trial, a eu ici le même bonheur que vous : on ne l'a pas laissé finir de jouer.

« L... D.... »

Ecce iterum Crispinus !... Voici M. Pépin qui revient sur la scène (qu'il n'avait d'ailleurs pas quittée), mais sans Olivier, cette fois-ci.

« *Monsieur Olivier, dans la troupe de M. Dorval, à Tarascon, près Beaucaire.*

« Morlaix, 29 juin 1828.

« Nous espérons avoir prochainement la troupe de M. Pépin. Nous comptions sur vous, mon cher Olivier ; c'est avec peine que nous abandonnons cette espérance.

» Ma famille vous souhaite toute sorte de réussite.

» Mon père, qui est toujours de ce monde, a reçu de vos nouvelles avec plaisir ; il me charge de vous dire mille choses honnêtes.

« L....., fils. »

Pour le coup, voici du nouveau : Olivier a abandonné la déclamation pour le chant, la comédie pour l'opéra-comique !

« *Monsieur Olivier, artiste* LYRIQUE *à Aix.*

« Carpentras, le 12 novembre 1828.

« Je suis contente que vous ayez une bonne réputation à Aix comme à Arles. Quand on est rangé comme vous, on ne peut que parvenir et se faire estimer du public. J'ai appris avec plaisir que vous aviez réussi dans votre représentation.

« Vve C...... »

Si Olivier avait changé de voie..... théâtrale, au moins il n'avait pas changé de conduite : la lettre de la personne chez laquelle il logeait à Carpentras en fait foi.

En outre, il est constant qu'à part quelques insuccès inévitables, il récoltait des lauriers aussi bien comme artiste lyrique que comme artiste dramatique.

« Carpentras, 1828.

« . . . Conservez toujours les sentiments religieux que vous nous exprimâtes, car la religion est la base de toutes les vertus.

« B..... *libraire.* »

CHAPITRE NEUVIÈME.

Comme quoi Olivier était de l'avis de M. B..., libraire, et suivait ses conseils.

Nous sommes à Arles.

. . . .

— Chez Mme veuve Regimbeaud.

— C'est ici, monsieur ; qu'y a-t-il pour votre service ?

— Vous avez, je crois, une chambre à louer ?

— C'est selon.

— Ah !

— Oui.

— Selon... comment ?

— Selon les locataires qui se présentent.

— Assurément... mais...

— Je vous déclare d'abord que je ne loue ni aux peintres, ni aux musiciens, ni aux acteurs.

— Et aux séminaristes ?

— Est-que vous en êtes un ?

— Vous l'avez dit.

— En ce cas, entrez, nous pourrons nous entendre.

Au bout de quelques instants, l'affaire était conclue :

Olivier devenait locataire de Mme veuve Regimbeaud,
qui était plus rude dans la forme que dans le fond.

Peu de jours après, une voisine—une de ces bonnes
âmes comme il y en a trop—prend mystérieusement à
part Mme Regimbeaud et lui apprend, avec une horreur
mêlée d'effroi, que son pensionnaire fait partie de la
troupe qui est en représentation au théâtre d'Arles.

Mme Regimbeand se regimbe — naturellement :

— C'est impossible !... Hier encore j'ai trouvé un
chapelet sur sa table de nuit.

— Ce que je vous dis, madame Regimbeaud, est la
vérité pure.

— Un jeune homme si doux, si tranquille, qui fait si
peu de bruit !

— Vous n'avez donc pas remarqué qu'il 'rentrait
toujours très tard ?

— Je croyais que c'était pour ses études.

— De jolies études ! ricana perfidement la voisine.

Ah ! des voisines comme celle-là, qui n'en a pas connu quelqu'une dans sa vie ? Qui n'a pas été affligé
d'une de ces harpies qui passent leur temps à espionner
ce que vous faites et à épiloguer sur ce que vous ne
faites pas ?

A Paris, les concierges ont généralement le mono-
pole de cette tyrannie agaçante ; en province, les voisines oisives remplacent avantageusement les concierges.

Si, par dessus le marché, elles abritent leur langue
fourchue derrière le manteau de la religion, c'est le
diable dans un bénitier.

J'en ai jadis maudit une qui ne comprenait pas qu'un
homme vécût de sa plume : à son idée, on ne pouvait

gagner de l'argent qu'en maniant un marteau, en poussant une charrue ou en pétrissant du pain ; tant d'onces de sueur, tant de grammes d'argent, voilà.

Elle m'abhorrait, je l'exécrais.

Longue, jaune, anguleuse, elle me faisait l'effet d'une nourrice sèche qui aurait vu son sang tourner en bile. Ses yeux respiraient la méchanceté à l'état chronique : elle ne devait vivre que de haines, — une répugnante nourriture, soit dit en passant.

N'osant s'en prendre à moi, elle trouva un jour le moyen ingénieux de décharger sa colère sur le cheval du marchand de charbon qui m'apportait ma provision mensuelle.

La pauvre bête (je parle du cheval) ne se doutait pas qu'elle avait la malechance d'être à ce moment-là le bouc émissaire chargé d'expier les iniquités d'un homme de lettres ; aux premiers coups elle se mit à ruer : pour un peu les deux dents qui restaient à la voisine faillirent joncher le champ de bataille.

Témoin involontaire de cette scène, je riais à me tordre ; mais le charbonnier ne riait pas et la voisine passa un mauvais quart d'heure.

Celle de Mme Regimbeaud était du même calibre. Quand elle quitta l'hôtesse d'Olivier, elle pouvait être satisfaite de son œuvre : Mme Regimbeaud était indignée.

Aussi lorsqu'Olivier rentra, ce fut une jolie tempête.

Il laissa gronder l'orage tant qu'il voulut gronder ; puis, quand la foudre se fut lassée d'éclater, il dit doucement :

— Je vous assure, Madame, que je ne vous ai pas trompée.

— Il ose encore nier, l'effronté !!... Comment ? ne m'aviez-vous pas dit que vous étiez séminariste ?

— .... En herbe ! oui, Madame.

Et voilà Olivier racontant son histoire, de fil en aiguille, simplement, franchement, comme il savait le faire, et concluant pour la première fois au désir, encore timide, mais déjà réfléchi, de devenir prêtre.

Et Mme Regimbeaud ne grondait plus ; sa colère s'était fondue à ce récit comme la neige aux rayons du soleil. Elle pleurait silencieusement, étonnée de trouver une âme si droite et si pure sous l'habit d'un comédien.

De ce jour elle devint la seconde mère d'Olivier, l'entourant d'une affectueuse sollicitude et encourageant discrètement ses velléités sacerdotales.

Quand Olivier quitta Arles, ce fut pour cette excellente femme un véritable déchirement. Les lettres que j'ai retrouvées d'elle témoignent de l'intérêt maternel qu'elle portait à son jeune locataire.

« *Monsieur Olivier, acteur à Aix.*

« Arles, décembre 1828.

« Mon cher Olivier, je vous envoie un morceau de fromage avec quelques pommes. Le fromage n'est pas de première qualité, quoique assez bon ; quant aux pommes, je me rappelle que, quand vous les mangiez, vous ressembliez à une petite souris.

» Je me permets de vous dire de bien prier Dieu afin qu'il vous conserve les bons sentiments que vous possédez. Fuyez toujours les mauvaises compagnies et méfiez-vous de presque tout le monde.

» Votre mère qui vous embrasse du fond de son cœur,

« Veuve REGIMBEAUD. »

. . . .

« *Monsieur Olivier, acteur à Tarascon.*

« Arles, ce 12 février 1829.

« ..... Ménagez bien votre santé, ayez soin de vous, soyez sage et Dieu vous bénira.... »

. . . .

« Arles, 19 juillet 1829.

« ..... Suivez bien les conseils des gens chez lesquels vous êtes logé. Il paraît que c'est des gens comme nous, qui ont bon cœur et de la religion.

« Votre mère,
« Veuve REGIMBEAUD. »

Au mois de novembre de la même année, la mère adoptive du pauvre Olivier mourait, sans avoir eu la satisfaction de le voir quitter le théâtre pour entrer au séminaire.

Le moment n'était pas encore venu.

CHAPITRE DIXIÈME.
Copie de lettres *(reprise).*

Saluons une troisième fois le directeur Pépin.

« Marseille, 1 mars 1829.

« Mon cher camarade,

« Je vous apprends avec le plus grand plaisir que Madame Pépin a consenti à jouer pour votre bénéfice et qu'elle porte même la bonne volonté jusques à composer tout le spectacle.

» Comme M. Pépin accompagne son épouse, elle désire qu'il conduise l'orchestre. Veuillez me fixer l'époque de votre bénéfice, et je vous dirai quelles sont les pièces que Madame Pépin jouera.

« E.... »

M. et Mme Pépin lui devaient bien cela !

« Lille, 24 avril 1831.

« Mon cher Olivier,

« Je te recommande Livron comme ma sœur ; elle a une petite réclamation à faire à ton directeur en arrivant : soutiens-la de tout ton pouvoir.

« L. PIERSON,
« *Régisseur général.* »

« *P.-S.* — J'espère que le titre que renferme mon paraphe résonne un peu mieux que celui de 36e trial que je signais quand nous sommes arrivés à Quimper. »

Content de lui, M. Pierson !

Voici une lettre fort curieuse que je reproduis presque intégralement ; elle émane d'un cuisinier qu'Olivier avait connu à Paris ; — était-ce ce maître-queue qui lui avait appris à faire les beignets ?

« *Monsieur Olivier, artiste au théâtre de Calais.*

« Londres, 22 juillet 1831.

« Mon cher Olivier,

« Je te dirai que je suis depuis quinze jours dans une très bonne place, où j'ai 80 louis d'appointement, couché et blanchi, ce qui est très avantageux, vu qu'à Londres le blanchissage est fort cher.

» En outre, quand il y a un grand dîner chez mon frère, je peux m'absenter toute une journée et travailler avec lui, ce qui me vaut une livre sterling chaque fois, ou chez le Roi, qui est le frère du duc de Cambridge où est mon frère.

» J'ai vu de bien belles fêtes depuis mon arrivée à Londres : chez lord Wellington, chez lord Hill, qui est maintenant général en chef des armées anglaises.

» Le surlendemain de mon arrivée, j'ai travaillé chez lui avec mon frère : il y avait un déjeuner de 800 personnes dans un parc magnifique.

» Ce grand déjeuner a été fourni par un restaurateur de Londres ; la table du Roi, où il y avait 25 convives, a été servie de mets préparés chez le lord ; c'est à ce dîner que j'ai débuté à Londres ; nous étions six cuisiniers français pour faire ce dîner, et toute la famille royale en a fait compliment ; nous avons travaillé deux jours, ce qui nous a valu deux livres-sterling chacun (ce qui fait 50 francs de France).

» Après ce déjeuner, qui était plutôt un dîner (il a été servi à six heures du soir), nous nous sommes habillés et nous nous sommes promenés dans le parc (1).

» Je n'ai jamais vu en France une fête aussi brillante que cela.

» Il y avait 10.000 hommes de troupes qui cernaient le parc pour empêcher le monde d'entrer. Depuis Piccadilly, où le roi est venu chercher la duchesse de Cambridge, jusque chez lord Hill, toutes les rues étaient encombrées de monde pour voir passer le Roi et les équipages (on en comptait près de 600).

» Dans le parc, le soir, il y a eu un feu d'artifice sur un lac : on a représenté le combat de Trafalgar par l'amiral Nelson ; la famille royale se promenait dans de petites chaloupes.

» Des musiciens de toutes les nations jouaient chacun à leur tour : ce sont les Allemands et les Français qui ont été les plus applaudis.

» Il y a eu une illumination magnifique, pas comme en France ; c'est par le gaz ; on peut imiter ce que l'on veut : la flamme change de couleur quatre fois dans la soirée.

» Enfin, j'étais enchanté de voir une pareille fête.

» De Piccadilly chez lord Hill, il y a près d'une lieue et demie.

» Le Roi doit être couronné le 8 septembre au plus tard....

« S... »

« Tu recevras un de ces jours un paquet contenant deux cravates au *bill de réforme ;* voilà huit jours qu'on en porte à Londres. »

Du même au même :

« Mon cher Olivier,

« Tu trouveras dans le paquet les deux cravates promises et l'argent que tu m'avais prêté. C'est de l'argent anglais ; tu pourras le changer facilement à Calais.

» En parlant d'argent, je te dirai qu'à Londres on vend des pièces de Henri V, roi des Français, datées de 1831. J'ai été bien étonné de cela. J'en ai parlé à l'intendant de la duchesse

---

(1) Pour cette lettre, comme pour celles qui ont précédé et qui suivront, j'ai cru devoir respecter le texte original, me contentant de corriger l'orthographe et la ponctuation quand le besoin s'en faisait trop vivement sentir.

Note de l'auteur.

de Cambridge ; il lui en a fait part; elle a voulu en avoir une pour s'en assurer.

» J'y suis allé avec l'intendant ; on nous en a vendu une 15 francs.

» Il paraît que la duchesse en a fait part à son frère qui est le Roi ; on les a fait saisir ; il va y avoir un procès pour cela.

» Je ne m'attendais pas en disant cela que ça deviendrait aussi sérieux ; mais ça ne m'étonne pas, vu que le Roi actuel est entièrement pour Philippe Ier. « S.... »

« J'ai été obligé de porter les cravates une fois, sans quoi on les aurait saisies. »

Ce mélange de cravates, de détails de cuisine, de feu d'artifice, de pièces à l'effigie d'Henri V et d'aperçus politiques, est pour le moins original.

Autres extraits de lettres d'un ouvrier bijoutier qu'Olivier avait également connu à Paris, et qui donneront une idée des salaires d'alors :

« Mon cher patron chez qui j'étais quand tu es venu s'est coulé ; je suis entré chez un autre, qui est un des meilleurs bijoutiers de Paris, où je gagne 50 sous par jour, et j'espère avant peu une augmentation. »

Un mois après :

« Nous sommes sur le point de nous révolter, nous autres bijoutiers, afin de ne travailler que 10 heures au lieu de 12 par jour ; mais je crains bien que ça ne réussisse pas. »

Douzes heures de travail pour « 50 sous » ! Nous sommes loin aujourd'hui de ces tarifs !

En mai 1832, Olivier n'est déjà plus à Calais : il touche barre à Paris pour aller à Valenciennes, à Metz à Angoulême.

Ici il réussit, là il échoue, plus loin il frôle le choléra. C'est une alternative de grandeur et de décadence qui met sa philosophie à une dure épreuve.

Mais là comme ailleurs il trouvera des amis dévoués pour partager sa bonne et sa mauvaise fortune.

CHAPITRE ONZIÈME.
Les amis de Calais.

Es amis qu'Olivier avait laissés à Calais apprennent qu'il est dans la peine : les lettres et les témoignages d'affection sont multipliés pour lui apporter quelque adoucissement.

« Calais, 4 mai 1832.

« Notre cher Olivier,

« Nous avons reçu hier soir ta lettre, et tu ne saurais te faire une idée de l'impression que nous a faite l'exposé de toutes tes peines. Nous voudrions pouvoir encore être ensemble pour les adoucir et les partager autant qu'il nous serait possible.

» Nous commencions à nous inquiéter de ton silence quand nous avons reçu ta lettre, qui nous a vivement attristés, car nous n'avons pas des caractères à considérer d'un cœur froid les malheurs d'un ami.

» Ce qui nous tracasse le plus, c'est de te savoir indisposé et de voir que tu te chagrines avec ce maudit choléra. Sois tranquille, le fléau t'épargnera.

» Nous regrettons tous les jours que tu ne sois pas resté, car notre théâtre offre maintenant plus de ressources : le conseil municipal nous a alloué 3.000 francs pour les neuf mois de l'année théâtrale....

« Tes sincères et dévoués amis,

« A... — D... — G... — L. M... — H. G... »

Tous les cinq ont signé, mais cela ne leur paraît pas suffisant. C'est A... qui a pris la plume au nom des autres ; les autres veulent à leur tour faire acte d'amitié personnelle en ajoutant chacun un *post-scriptum*.

L. M... prie son cher Olivier de l'excuser s'il écrit mal : « Venant de tirer les armes, dit-il, ma tête bat la breloque et ma main tremble. »

D... supplie Olivier de le croire « pour la vie son fidèle et dévoué ami. »

G... écrit : « Dieu exaucera nos vœux, et nous espérons que tu ne tarderas pas à recouvrer la santé. »

H. G. engage Olivier à avoir « plus de force de caractère ».

C'est d'une délicatesse de sentiment vraiment exquise.

Le 28 juin 1832, nouvelle lettre, toujours signée des Cinq :

« A Monsieur Olivier, artiste dans la troupe de M. Clément à Metz.

« Nous avons reçu ta lettre dimanche après-midi, mais nous avons attendu pour te répondre que L. M... et D..., qui étaient absents, fussent de retour afin que la réponse te portât des nouvelles de tous les cinq.

» Tu te portes bien maintenant, c'est le principal ; tu réussis, c'est pour le mieux.

» Nous ne pouvons pas t'en dire autant pour nous : il est à craindre que la troupe ne puisse pas finir l'année.

» M. et Mme Moreau-Sainti sont en ce moment à Calais : ils ont déjà donné plusieurs représentations composées de *Valérie, l'École des Vieillards, les Jeux de l'amour et du hasard, la Dame blanche, Adolphe,* etc.

» En ce moment, c'est la foire ; nous allons te donner, pour te récréer un peu, la description des spectacles qu'on y rencontre.

» Une jeune naine portant une chevelure très belle, accompagnée d'un jongleur équilibriste qui est assez fort dans son genre ;

» Une jeune géante, âgée de 25 ans, sœur d'un individu qui casse le marbre à coups de poing ;

» Mme Lefort, native de Paris, âgée de 25 ans, qui porte barbe, moustaches et favoris, comme le plus beau sapeur de nos armées. Lorsqu'elle se couvre la partie inférieure de la figure, elle laisse entrevoir les traits d'une des plus jolies femmes de notre siècle ; au contraire, lorsqu'elle se cache la partie supérieure, on voit les traits d'un guerrier âgé de 35 ou 40 ans.

» Il y a aussi une jeune anthropophage brésilienne, découverte et capturée par les troupes de Don Pédro lorsqu'il fit la conquête de ce pays. Elle porte au nez un gros anneau d'argent. On ne put la faire prisonnière qu'à la suite d'un combat où elle avait reçu 28 blessures, et après avoir vu tomber à ses côtés son père et sa mère (1).

» Il y a enfin des serpents boas et des crocodiles. On dit que ces derniers, dans leur pays, poussent des cris plaintifs pour attirer les voyageurs ; lorsque ceux-ci, s'y laissant prendre, vont du côté de la voix, les crocodiles les happent et les croquent. »

Cette affirmation trouve les Cinq eux-mêmes un tantinet incrédules ; aussi croient-ils devoir en laisser la responsabilité au boniment débité par le propriétaire des crocodiles.

Leur lettre se termine par cette recommandation touchante à l'adresse d'Olivier :

« Nous te prions de ne plus affranchir nos lettres ; cela nous fera plaisir. »

Or la leur porte la mention : P. P. (port payé).

Ils n'étaient certainement pas plus riches qu'Olivier, et pourtant ils ne voulaient pas, le sachant dans le besoin, que la réponse qu'il leur ferait fût pour lui une occasion de dépense.

Braves gens !

Cependant le choléra continuait à faire parler de lui et Olivier gardait le silence. Les amis de Calais s'inquiètent : dare-dare ils le pressent de leur donner de ses nouvelles :

« Calais, 3 septembre 1832.

« Nous ne savons comment interpréter ton silence. Tu dois te rappeler que dans ta dernière lettre tu nous annonçais que le choléra faisait de grands ravages à Metz, et que plusieurs de tes camarades étaient morts de cette cruelle épidémie. Nous espérons que cette maladie t'aura épargné. Cependant nous te

(1) Hum ! (Interjection destinée à exprimer le doute et arrachée à l'auteur par l'histoire de la jeune anthropophage.)

prions de nous écrire de suite, au reçu de la présente, pour nous tirer de l'incertitude où nous sommes. »

Olivier s'exécuta ; il paraît même qu'il avait encore saisi l'occasion de se signaler à Metz par un exploit charitable, comme le prouve la lettre ci-près écrite en réponse à la sienne :

« *Monsieur Olivier, chez M. X... à Vatimon, canton de Faulquemont, près Metz.*

« Calais, 21 novembre 1832.

« Enfin nous avons reçu une de tes lettres. Nous ne saurions t'exprimer la joie que nous avons éprouvée à sa vue. Toutes nos craintes sont dissipées, et le plaisir que nous éprouvons maintenant compense notre anxiété passée.

» Nous n'avons pu lire sans attendrissement ce passage de ta lettre où tu nous parles de ce jeune homme, malade et sans argent, abandonné de ceux qui, à son entrée dans le monde, avaient partagé sa fortune et l'avaient entraîné dans l'abîme.

» Oh ! crois-nous, ces hommes-là n'ont jamais connu la véritable amitié.

» Nous ne pouvons nous empêcher de te féliciter de la conduite que tu as tenue dans cette circonstance, et si tu pouvais acquérir de nouveaux droits à notre amitié, cela seul nous attacherait pour jamais à toi. Mais tu es récompensé, puisque tu n'as pas eu affaire à des ingrats et que tu te trouves maintenant au milieu d'une famille respectable, qui te regarde comme un véritable ami et comme le principal auteur de la bonne harmonie qui règne aujourd'hui entre le père et le fils.

» ... Quant à notre théâtre, nous t'en dirons peu de choses aujourd'hui. Depuis que nous t'avons écrit, nous avons eu M. Martin, qui a donné plusieurs représentations des *Lions de Mysore*.

» L'empire extraordinaire qu'il possède sur ses animaux fait qu'il joue avec un tigre et un lion comme s'il jouait avec un jeune chien.

» Cependant, étant à Boulogne, il lui est arrivé un accident : son lion, qu'on avait été obligé de mettre avec la lionne, vu la petitesse du théâtre, était de très mauvaise humeur. Quand M. Martin est entré, le lion n'a pas eu le temps de le reconnaître, s'est jeté sur lui et lui a mordu le bras droit et la cuisse.

» Mais aussitôt qu'il reconnut la voix de son maître, il lâcha prise et se retira la tête basse, ayant l'air confus de ce qu'il venait de faire.

» Sauf ces quelques représentations, le théâtre n'a fait que de très petites recettes. En outre la ville a retiré les 3.000 fr. de subvention qu'elle nous faisait.

» M. Tailliez, l'ancien chef d'orchestre, est mort du choléra. La Société philharmonique donne demain un concert au bénéfice de la veuve. Ça pourra lui rapporter cinq à six cents francs.»

Les Cinq à leur tour se séparent, emportés dans des directions différentes par les nécessités de leur métier.

Une dernière lettre porte la date du 23 mai 1833 et est signée seulement de L. M... et de D...

Elle est adressée *à M. Olivier, à Angoulême.*

J'y relève ce passage :

« D... et moi te félicitons de tes glorieux succès. Nous croyons et nous espérons te voir un jour acquérir une célébrité due à ton mérite et à tes travaux. Sois heureux, et surtout ne sois pas fataliste. J'ose te dire cela, car j'aurais souvent besoin qu'on m'en dise autant. Les contrariétés que j'éprouve seraient capables de me faire croire à la Destinée si je ne me disais que l'homme n'est pas une sotte machine qui va comme la pousse le hasard, et qu'il peut braver le torrent qui paraît l'entraîner, puisque Dieu lui a laissé la liberté d'agir... »

Voilà qui n'est pas trop mal raisonné pour un comédien, n'est-ce pas ?

Si on priait M. Coquelin de s'expliquer sur le libre-arbitre, il ne s'en tirerait peut-être pas aussi sensément.

Au surplus, on a pu remarquer, par les lettres déjà citées ou reproduites, une différence sensible entre les comédiens d'alors et ceux d'aujourd'hui.

Chez les premiers, on trouvait en général une élévation de sentiments, une noblesse de caractère, un sens droit, une modestie qu'on chercherait inutilement chez la plupart des seconds, exclusivement possédés de l'amour du luxe, des plaisirs et de la *réclame*.

Les vrais cabotins ne sont pas ces petits artistes qui végétaient sur des scènes de quatrième ou de cinquième ordre, tout en forçant l'estime et la sympathie de ceux qui les connaissaient, mais bien ces premiers sujets qui gagnent aujourd'hui en une soirée de quoi faire vivre une honnête famille pendant un an, et qui si souvent gaspillent leur existence en excès ou en folies.

Leur talent impose l'admiration ; leurs travers, leurs écarts de conduite, leur vanité insupportable provoquent l'irritation, quand ce n'est pas le dégoût.

Quand le masque tombe, le héros — chanteur ou tragédien — s'évanouit, l'homme reste : c'est trop souvent un vilain monsieur.

Les honorables exceptions qu'on compte à notre époque ne tendent qu'à confirmer la règle.

CHAPITRE DOUZIÈME.
Un ménage d'artistes.

 l'appui de ma thèse, je ne résiste pas à la tentation de compléter les tableaux précédents de la vie d'artiste, dont vécut Olivier, par la présentation d'un ménage qui fut intimement lié avec notre héros, et qui correspondit avec lui longuement et fréquemment.

C'est un côté des mœurs artistiques d'il y a cinquante ans qui mérite qu'on s'arrête quelques instants devant lui.

Le ménage s'appelait Arnaud-Brunet. Arnaud, c'était la femme ; Brunet, c'était le mari.

Je regrette de n'avoir pu trouver le portrait de ce couple en même temps que sa correspondance ; mais je me fais une idée de l'un et de l'autre en lisant leurs lettres : on croirait entendre gazouiller de concert une fauvette et un pinson.

Ce n'était pas, ainsi que cela arrive trop souvent dans le monde des théâtres, un ménage pour rire : la bénédiction de l'Église avait passé par là.

Tous les deux aimaient leur art avec passion : Arnaud-Brunet était la raison sociale qui les unissait au théâtre aussi bien qu'à la ville. Tous les deux affectionnaient Olivier et ne se lassaient pas de le lui répéter.

Tantôt c'était la fauvette — *Mimi Arnaud* — qui écrivait ; tantôt *Arnaud-Brunet* — le pinson.

Mais que ce fût l'un ou l'autre, l'adresse portait toujours ces mots en gros caractères : TRÈS PRESSÉ.

Il en est même une sur laquelle ils sont répétés quatre fois, — aux quatre coins.

Il leur tardait de faire savoir à Olivier que la bonne amitié qui les unissait restait toujours vivante.

« Mon cher Olivier, — écrit Mimi Arnaud le 26 mai 1831, — nous avons été bien heureux d'apprendre vos succès ; nous en sommes aussi heureux que vous.

» Après les débuts de mon mari, je vous en écrirai le résultat. Dieu veuille qu'il réussisse ! »

Le 2 août on nous donne, selon la promesse, des nouvelles de ces débuts, qui ont eu lieu à Cambrai :

« Mon cher Olivier, les débuts de mon mari ont été très heureux à Valenciennes ainsi qu'à Cambrai, où il est l'enfant chéri du parterre.

» Dites-moi, je vous prie, ce que fait Mme B... ; surtout un mot sur sa sagesse, vous savez que je suis discrète. »

Eh ! eh ! on n'est pas fille d'Ève pour rien : on est curieuse... mais on est discrète ; ceci rachète cela,

Et puis on a si bon cœur !

« Mon cher Olivier (Dunkerque, 16 novembre 1831), nous avons appris avec bien de la peine que les affaires allaient mal chez vous (à Metz) ; nous n'avons pas besoin de vous dire que nous avons ici, en cas de malheur, une chambrette et une pension à votre service. Ne craignez pas d'être importun : vous savez que nous sommes vos amis. Notre plus grand plaisir sera de vous être utiles. »

Le mari vient à son tour à la rescousse :

« Mon cher Olivier, aurons-nons le plaisir de t'embrasser mardi prochain ? Nous jouons ce jour-là *Don Juan.* »

Le mari insiste (25 décembre 1831) :

« ... Je n'ai pas besoin de te réitérer ce que nous t'avons déjà dit : tu sais que nous avons pour toi une amitié sans bornes. Nous serons trop heureux de pouvoir te prouver notre reconnaissance. Au reste, tu dois savoir que nous ne sommes pas gens à faire des façons. »

Post-scriptum de Mimi Arnaud :

« ... Mon bon Olivier, je veux vous faire part de mon bonheur : nous sommes raccommodés avec maman ; Arnaud est en correspondance avec elle. Je me joins à Arnaud pour vous engager à venir finir l'année avec nous. »

Olivier résiste encore, — probablement à contre-cœur : des embarras d'argent l'empêchent de rejoindre ses amis, qui ne se découragent pas et redoublent leurs instances :

« Quoique dans ce moment (février 1832) nous soyons sans espèces, nous nous procurerons ce qu'il te faudra pour ton voyage ; nous ferons venir tes effets ensuite. »

On lui conseille de ne pas aller à Paris, à cause du choléra.

Puis le ménage Arnaud-Brunet — ô oiseaux voyageurs ! — part pour Gand, d'où il continue de correspondre avec Olivier, que les lettres vont chercher tantôt à Paris, tantôt à Douai.

Brunet expose à son ami Olivier qu'il ne sait pas encore si, en quittant Gand, il ira à Toulouse, ou bien s'il ne s'associera pas avec quelqu'un pour prendre une direction, mais « la politique d'un côté, le choléra de l'autre » l'effrayent.

Finalement il se décide pour Amiens, où nous le trouvons en juin 1832 annonçant à Olivier qu'il vient de faire ses débuts et qu'il a été reçu à l'unanimité.

Il presse Olivier de se rapprocher de lui en entrant, si faire se peut, dans la même troupe ; chaque fois Mimi-Arnaud ajoute une ligne à la lettre de son mari pour insister dans le même sens.

Un jour on apprend qu'Olivier est tombé malade à Nancy, peut-être du choléra, dont on parle plus que jamais (août 1832).

Les instances et les lettres se multiplient.

Olivier entre en convalescence ; incontinent Arnaud-Brunet lui écrit :

« Nous sommes excessivement peinés de ne pouvoir t'adresser tout ce que nos cœurs désireraient. Je viens de remettre à la poste 45 francs à ton adresse.

» En ce moment, nous sommes dans la plus grande gêne par suite des nombreux costumes que j'ai dû acheter et dont le prix s'élève à plus de 1.100 francs, sans compter celui de *Zampa*, qui n'est pas encore tout à fait confectionné et qui va me coûter 500 francs.

» Il n'existe pas à Amiens de Mont-de-piété ; j'ai dû envoyer tous nos bijoux à Douai pour payer les costumes et ne devoir rien à personne.

» Donc, mon ami, nous t'envoyons tout ce qui est en ce moment en notre pouvoir. Du reste, cela te suffira pour arriver à Paris ; de Paris cela ne coûte que 7 francs. Au surplus, prends la diligence « l'Amiennoise », qui te transportera ici sans avances et que nous payerons à ton arrivée.

» Arrive vite, vite, vite.
                                          « ARNAUD-BRUNET. »

« *P.-S.* — Mon bon Olivier, je suis bien chagrine de tout

ce qui vous est arrivé. Il n'y a qu'un seul remède, c'est de venir nous rejoindre. Alors seulement je serai tranquille et me trouverai heureuse de contribuer au rétablissement d'une santé qui nous est si chère.

« MIMI A.-BRUNET. »

Quinze jours plus tard Olivier arrivait enfin à Amiens.

N'est-pas que ce ménage d'artistes méritait les honneurs d'un chapitre ?

CHAPITRE TREIZIÈME.
Et la femme ? Où est la femme ?

POUR me conformer à la recommandation classique, je l'ai cherchée et je ne l'ai pas trouvée.

Olivier a traversé la fournaise ardente du théâtre sans même y roussir le bout de son aile.

Dans toutes les lettres qu'il a laissées, et qu'il n'avait certainement pas songé à trier avant sa mort, je n'ai pas réussi à découvrir une seule ligne, un seul mot, une seule allusion ayant trait de près ou de loin à une intrigue.

Cela seul suffirait à expliquer chez notre héros le triomphe final de la vocation ecclésiastique sur la vocation théâtrale.

CHAPITRE QUATORZIÈME
Monsieur Olivier, artiste, chez Madame Lacombe, marchande-lingère, près l'évêché, à Clermont-Ferrand (Puy-de-Dôme).

« Paris, 10 août 1833.

« Mon cher Olivier,

« Quel plaisir a été le mien quand j'ai appris tes succès au théâtre de Clermont ! Il me semblait y être, te voir sur la scène, entendre ces bravos partir de toutes parts.

» Cela ne m'a point étonné, j'en étais convaincu d'avance ; mais, ne connaissant pas les habitants de Clermont, leur manière de juger, j'avais quelques craintes ; je suis heureux d'apprendre qu'ils sont connaisseurs et savent apprécier le mérite. »

Celui-là partageait assurément les préjugés si répandus à cette époque contre « les Auvergnats ».

« Ni hommes ni femmes » : cette trop facile plaisanterie, sur laquelle des générations de commis-voyageurs ont vécu, devait être son *credo*. Mais, en fin de compte, il reconnaissait son erreur.

Peut-être Olivier partageait-il lui-même cette prévention baroque.

Quand il arriva à Clermont en diligence, venant de Limoges, il trouva le pays sauvage, triste et monotone jusqu'à la Baraque ; mais là, le panorama qui s'offrit à ses regards lui arracha des cris d'admiration.

Pressentait-il donc, en outre, que la route de Clermont devait être son chemin de Damas ?

En tous cas, ses opinions préconçues touchant l'Auvergne au point de vue pittoresque tombèrent à plat ;

celles qu'il avait des habitants ne tardèrent pas à faire de même.

Du premier jour qu'il vit l'Auvergne jusqu'au dernier, il l'aima avec passion.

Il en est ainsi pour la plupart de ceux qui, après avoir de bonne foi, ou mieux sur la foi d'une légende reléguée désormais au musée des Antiques, calomnié l'Auvergne, font connaissance avec elle. Leur admiration n'a d'égale alors que leur surprise.

Comment ! c'est là le pays qu'on leur faisait si noir ? — tous les Auvergnats, selon la légende, naissant charbonniers, chaudronniers ou porteurs d'eau !

Ces montagnes d'aspects si divers, tour à tour abruptes et souriantes, verdoyantes et neigeuses, calcinées par la flamme des volcans ou recouvertes d'une végétation puissante ; ces vallées dont quelques-unes peuvent sans infériorité être comparées à la Tempé de Virgile ; ces plaines fécondes en productions de toutes sortes ; cette Limagne dont la fertilité est proverbiale, c'est là ce « pays perdu » qu'ils avaient entendu railler tant de de fois?

Cette race laborieuse et virile qui a fourni tant d'illustrations à la science, à la littérature, aux arts, à la magistrature, à l'armée, — témoin les Pascal, les Delille, les Desaix, les d'Estaing, les Marivaux, les Chamfort, les Domat, et tant d'autres, — c'est elle que les pince-sans-rire appellent le peuple du « *fouchtra ?* »

Ils n'en reviennent pas, les naïfs qui se sont laissé piper ! Et oubliant que Chateaubriand a écrit : « L'Auvergne est le plus beau pays du monde, » ils ouvrent de grands yeux devant cette Auvergne, qu'ils trouvent si différente du portrait menteur qu'on leur avait tracé, devant cette Auvergne qu'ils croient alors découvrir les premiers, — comme Alexandre Dumas découvrit la Méditerranée.

J'ajoute que beaucoup, appelés soit par le hasard, soit par leurs fonctions en Auvergne, s'y acclimatent si aisément qu'au bout de quelques années ils ne peuvent plus s'en éloigner.

Que d'officiers, que d'anciens fonctionnaires, ravis de l'Auvergne, ont été heureux de prendre leur retraite dans cette province, naturalisés ainsi Auvergnats à leur tour, et à leur tour faisant souche d'Auvergnats !

Quant à ceux qui ne font qu'y passer, pour leur santé ou pour leurs affaires, ils emportent de ce passage un souvenir impérissable.

Les stations thermales de Royat, du Mont-Dore, de la Bourboule, de Saint-Nectaire, de Châtelguyon, etc..., rendent aujourd'hui un peu tout le monde tributaire de l'Auvergne. Paris lui-même, ce Paris à la fois si sceptique et si gobeur, est obligé de venir demander à nos eaux le repos de ses fatigues ou la guérison de ses maladies.

Anglais, Espagnols, Allemands, Italiens, Américains, Turcs, se coudoient dans les stations balnéaires auvergnates.

L'Auvergne se venge ainsi des sots préjugés qui l'ont si longtemps et si injustement poursuivie : sa vengeance est éclatante, sa revanche complète ; peut-être même quelquefois les hôteliers la soulignent-ils plus que de raison ; mais c'est un excès de patriotisme dont il serait malséant de leur tenir rigueur. En échange du plaisir des yeux ou de la guérison du corps, vous leur laissez peu ou prou de votre or : donnant, donnant ; vous êtes quittes.

Assurément, il n'en était pas tout à fait ainsi quand Olivier arriva à Clermont pour la première fois ; la vogue, qui n'a fait que croître d'année en année, était encore à venir ; mais le pays y gagnait peut-être en tranquillité ce qui a été compensé en prospérité depuis.

La vue de Clermont et de la Limagne avait réconcilié Olivier avec l'Auvergne ; les succès qui l'accueillirent au théâtre de Clermont achevèrent de le réconcilier avec les Auvergnats.

Un autre attrait, inconscient ou non, l'avait poussé dans cette ville : l'évêque du diocèse, Mgr Féron, était Normand comme lui. Le prélat était natif d'Évreux, Olivier, de Dieppe ; pour Olivier, Mgr Féron était un « pays ».

Son premier soin, en arrivant à Clermont, avait été de s'enquérir de l'emplacement de l'évêché, qui était situé alors rue Massillon, et non rue Pascal comme aujourd'hui ; son second, de chercher une chambre qui fût sise à proximité du palais épiscopal.

Il trouva ce qu'il désirait chez « Mme Lacombe, marchande-lingère, près l'évêché, » comme disait la suscription de la lettre reproduite en tête de ce chapitre. Cette chambre comprenait un cabinet à toilette dont la fenêtre donnait sur le jardin de l'évêché : Olivier la loua séance tenante.

Plus d'une fois par la suite, Mgr Féron, en se promenant dans son jardin, put apercevoir, encadrée dans cette fenêtre, une sympathique et loyale figure qui suivait ses moindres mouvements avec une curiosité que je qualifierais d'indiscrète sans le motif qui l'inspirait : Olivier contemplait « son évêque ».

Il avait été bientôt au courant des heures auxquelles

Mgr Féron faisait sa promenade : à peine le prélat mettait-il le pied au jardin qu'on était sûr de voir apparaître à la petite fenêtre la tête d'Olivier, cette même tête qui, le soir, grimée et devenue méconnaissable, provoquait au théâtre les éclats de rire et les bravos des Clermontois. Que d'idées contradictoires se pressaient dans cette tête ! Que d'assauts elles s'y livraient !

Depuis qu'il était à Clermont, Olivier sentait ses aspirations ecclésiastiques d'antan renaître avec une force grandissante. A de certaines heures, il éprouvait dans le cerveau comme des bouffées d'air chaud qui faisaient affluer le sang à son visage, en même temps qu'elles le troublaient cruellement et le laissaient plongé dans des perplexités cuisantes.

Cet évêque, qui était de son pays, il lui semblait que la Providence le lui avait fait rencontrer à dessein.

Qu'il aurait voulu lui parler, l'entretenir de ses hésitations, de son trouble, de ses craintes, de ses espérances ! Mais il n'osait pas.

Le soir venait, le théâtre le reprenait, le souci de son rôle l'absorbait, les applaudissements étouffaient la voix secrète qui parlait en lui pour l'appeler ailleurs.

Mais à mesure que la fièvre dramatique se calmait, les mêmes irrésolutions renaissaient, les mêmes combats se disputaient sa volonté, la voix intime se faisait entendre plus distincte, on eût dit même plus impérieuse.

Une circonstance tragique devait mettre brusquement fin à cette situation.

Olivier avait accompagné à la fête de Beaumont, commune voisine de Clermont, un de ses amis, qui y dansa tant et si bien qu'au retour il se mit au lit avec une bonne fluxion de poitrine : peu de jours après il était mort.

Cette catastrophe épouvanta Olivier ; d'une part, elle lui inspira une horreur de la danse qui ne l'abandonna jamais ; de l'autre, il crut voir dans cet évènement un avertissement d'en haut.

Le lendemain, il faisait demander une audience à Mgr Féron ; le surlendemain il était reçu.

Ce qui se dit dans cette entrevue, on le devine. La paternelle bonté de l'évêque encouragea les aveux du comédien ; mais la prudence du pasteur ne lui permettait pas d'ouvrir d'emblée les portes du bercail à cette brebis égarée depuis si longtemps.

Mgr Féron, tout en encourageant les résolutions d'Olivier, voulut éprouver leur fixité, — non sans faire tout ce qui dépendait de lui pour favoriser l'éclosion de cette vocation assez surprenante, on en conviendra.

Quand, en 1834, Olivier quitta Clermont pour suivre à Moulins la troupe de M. Provence, dont il faisait partie, M. Marcland, vicaire-général, lui remit la lettre suivante pour M. Croizier, grand-vicaire du diocèse de Moulins :

« Clermont, 26 mars 1834.

« Monsieur,

« Vos bontés, qui me sont connues, m'engagent à prendre la liberté de vous recommander instamment M. Auguste Olivier, jeune artiste distingué dans sa partie, qu'un enchaînement de circonstances malheureuses a amené à embrasser la carrière théâtrale, et qui se trouve attaché à la compagnie qui, après avoir occupé pendant quelque temps le théâtre de Clermont, se propose d'aller exercer à Moulins pendant quelques semaines.

» Ce jeune homme, après avoir reçu une éducation chrétienne, s'est vu obligé, par suite de différents malheurs, de chercher des moyens d'existence dans une partie qu'il savait être contraire à la morale et à l'esprit de la religion. Depuis qu'une espèce de nécessité lui a fait prendre cette détermination, il n'a cessé de soupirer après le moment où il lui serait possible de rentrer pour toujours dans la bonne voie : heureusement la divine Providence a permis qu'il se soit trouvé être originaire de la même province que Mgr de Clermont, qui a bien voulu lui promettre de faire tous ses efforts pour lui procurer les secours qui lui seront nécessaires afin de faire ses études et d'entrer au grand-séminaire par la suite, si les renseignements qu'il a le projet de prendre auprès de différentes personnes qui ont eu occasion de connaître M. Olivier, lui sont tous favorables, comme on n'en doute pas.

» D'après les promesses qu'ont bien voulu lui faire Monseigneur, M. Gannat, grand-vicaire, et M. Combe, supérieur du grand-séminaire, M. Olivier croit pouvoir espérer que je pourrai prochainement lui annoncer la bonne nouvelle ; mais il a besoin, pendant son séjour à Moulins, des conseils et des consolations d'un ecclésiastique éclairé comme vous l'êtes, et qui soit d'ailleurs dans le cas de certifier la régularité de la conduite qu'il se propose de mener dans la ville que vous habitez : vous lui rendrez par conséquent de grands services si vous avez quelques moments à lui donner.

» J'ai eu occasion de voir, ces jours-ci, quelques personnes qui étaient loin de penser que M. Olivier fît des démarches pour entrer dans l'état ecclésiastique, mais qui m'ont assuré que l'on a remarqué en lui assez de vertus et de dispositions à la piété, pour que personne ne fût étonné de le voir un jour revêtu du sacerdoce.

» J'ai cru, mon cher et respectable Monsieur, devoir vous donner ces quelques détails pour vous disposer à bien accueillir un jeune homme pour lequel sa position et ses bons désirs vous inspireront, je pense, de l'intérêt, comme ils lui ont fait trouver de la sympathie parmi MM. les ecclésiastiques de Clermont... »

CHAPITRE QUINZIÈME.
Une année de stage.

Voila donc Olivier faisant son stage de séminariste au théâtre : il n'avait, il est vrai, que bien peu de chose à changer à ses habitudes ; je dirai même qu'il n'avait rien à y changer. Sa vie avait toujours été régulière ; ce joyeux compagnon, dont un bourgeois eût hésité à faire son gendre sur le vu de sa carte : *Olivier, artiste*, ne mettait jamais les pieds au café !

Ce que ses camarades l'avaient plaisanté là-dessus, ce n'est rien de le dire. Olivier avait opposé à leurs plaisanteries son inaltérable bonne humeur, qui finalement avait eu raison des sarcasmes.

Toutefois j'ai tort de dire qu'il ne changea rien à ses habitudes ; on va voir pourquoi.

Le lendemain du jour où il arriva à Moulins avec la troupe de M. Provence, il rencontra un jeune clerc de notaire dont il avait fait la connaissance à Clermont :

— Olivier ! Olivier ! cria celui-ci.

— Ah ! c'est toi, dit Olivier, qui marchait d'un pas rapide, mais qui, s'entendant appeler, s'arrêta et se retourna.

— Où vas-tu donc de ce train d'enfer ?

— Au théâtre pour la répétition : je débute ce soir dans le *Gamin de Paris*.

— J'avais en effet appris ta venue à Moulins, et j'étais en quête de ton adresse pour t'aller relancer afin de t'emmener dîner dimanche.

— Mon bon ami, en ce moment je suis très pressé, et j'ai peur d'arriver en retard à la répétition, mais si tu es libre à 4 heures...

— Où faudra-t-il te prendre ?

— A la cathédrale.

— Hein ?

— A la cathédrale, où je t'attendrai pour aller faire ensuite un tour de ville ensemble.

Le clerc de notaire crut qu'Olivier plaisantait ; mais

c'était très sérieux : de ce jour, pour éviter des entraî-
nements, sans doute fort innocents en eux-mêmes, mais
qu'il se considérait comme obligé de refuser désormais
en vue de se montrer digne du but auquel il aspirait,
Olivier céla soigneusement la rue et le numéro où il
avait pris logement. Quand on lui demandait un rendez-
vous, il indiquait une église, — ainsi qu'il venait de le
faire pour le clerc de notaire, qu'il avait littéralement
interloqué.

L'abbé Croizier seul connaissait l'adresse d'Olivier,
et en profitait pour remplir auprès du jeune artiste la
mission qu'on l'avait prié d'accepter.

Chose curieuse : plus Olivier s'affermissait dans le
désir d'embrasser l'état ecclésiastique, plus ses succès
au théâtre augmentaient.

Il jouait mieux depuis qu'il avait pris un parti.

Ses irrésolutions d'avant avaient fui : il marchait
maintenant, sans tiraillements, vers un but déterminé.

Son affabilité vis-à-vis de ses camarades n'avait fait
qu'augmenter : aussi excusait-on volontiers ses nouvelles habitudes, qu'on mettait sur le compte de l'originalité.

Les échanges de lettres continuaient avec les amis
dispersés aux quatre coins de la France.

L'un d'eux — un nommé Fleury — qui avait mis
son enfant en nourrice dans les environs de Moulins,
avait investi Olivier des fonctions de père nourricier.
Il lui écrit de Nantes lettres sur lettres, tantôt pour lui
recommander de veiller sur son « petit garçon », tantôt
pour lui envoyer 26 francs afin de les remettre à la
nourrice en paiement de « deux mois », non sans avoir
prié Olivier de prélever sur cette somme de quoi acheter « une livre de sucre et une livre de savon » ; tantôt

enfin pour savoir « si le petit a des dents et s'il marche ».

Olivier se prête à ce rôle avec une complaisance digne de son excellent cœur.

Fleury lui recommande de faire vacciner le petit ; le petit est vacciné. Fleury lui écrit à deux reprises pour le prier d'aller prendre chez Mme X... « une serviette » appartenant à la nourrice, et que celle-ci y avait oubliée ; Olivier s'acquitte de la commission.

Un autre le prie de remettre « 18 sous » qu'il avait oublié de rendre avant de partir « au cor de l'orchestre » ; le cor est remboursé.

Un troisième le charge même « d'aller demander au Vénérable de la Loge les papiers qui prouvent qu'il a été reçu franc-maçon, et de les lui envoyer » ; la commission est faite et les papiers sont expédiés.

Le moyen, je vous le demande, de ne pas aimer un garçon comme celui-là ?

Ce garçon, cependant, ne perd pas de vue son objectif. Il écrit à Clermont pour savoir si on ne trouve pas son stage suffisant : il lui tarde de jeter ses oripeaux aux orties.

Mme Lacombe, chez laquelle il avait logé à Clermont, et qui s'était chargée de faire parvenir ses lettres à l'évêché, lui répond « qu'il ne faut pas perdre un moment, que les affaires sont réglées, et qu'il faut faire diligence pour revenir. »

« Je vous assure, ajoute-t-elle, que nous sommes bien contents que vous puissiez quitter cet état, qui n'est pas du tout votre vocation. »

Mais voilà ! L'engagement qu'a signé Olivier à M. Provence tient toujours, et M. Provence tient encore davantage à son pensionnaire.

De Moulins il a été obligé de suivre son directeur à Bourges, puis à Nevers, où Mme Lacombe lui écrit :

« Nous sommes bien fâchés de voir que M. Provence n'a pas voulu vous laisser partir, mais il faut espérer que tout cela s'arrangera quand vous serez de retour à Clermont. J'ai remis votre lettre au vicaire des Carmes, qui l'a communiquée à Monseigneur. »

Olivier employa cette prolongation du temps d'épreuve à faire part de sa détermination future aux amis. Je ne résiste pas au désir de transcrire dans toute leur naïveté quelques-unes des réponses que cette communication valut à Olivier.

« Il m'est impossible de te dire, — écrit Fleury, déjà nommé, — combien nous avons été surpris de ta détermination ; cependant je m'étais aperçu que tu allais quelquefois à l'église, ensuite que tu avais des goûts très retirés : ta résolution m'a donc moins étonné de toi que d'un autre.

» Je ne prétends pas te donner des conseils, cependant je vais te parler franchement : aujourd'hui le théâtre n'offre pas beaucoup d'avenir ; ceux qui peuvent s'en retirer font très bien, surtout ceux qui n'aiment pas la vie errante des comédiens.

» La nouvelle profession que tu vas prendre n'est pas ordinaire ; il faut bien en voir toutes les conséquences. Les études seront longues et difficiles.

» Si tu as bien fait toutes tes réflexions et si tu trouves la possibilité d'entrer au grand-séminaire, je regarderais cela comme un grand bonheur pour toi.

» Du reste, si tu veux connaître mon opinion sur les prêtres, la voici : je dis qu'un mauvais prêtre est très dangereux, car il peut faire beaucoup de mal ; en revanche, un bon prêtre est un homme très vénérable. J'ajouterai que pour faire un bon prêtre il faut des qualités extraordinaires, il faut toutes les vertus possibles à l'homme.

» Ne crains rien relativement à notre amitié, elle sera toujours la même. *Toutes les professions sont honorables, et surtout celle que tu vas prendre.* » (*sic.*)

. . . .

« Mon cher Olivier, après avoir lu et relu ta lettre — écrit un comédien du nom de Duval, — je me suis dit : il est fou.

Il fallait prendre ce parti quand tu étais jeune, et non à ton âge.

» Malgré moi, je suis forcé de te blâmer : tu es heureux maintenant, tu fais ton état avec agrément, tu es bien vu partout ; qui sait s'il en sera de même dans la carrière que tu veux embrasser ?.. J'espère que tu reviendras sur un pareil projet.

» Si je t'en détourne, ce n'est pas par mépris de l'état ecclésiastique, loin de moi cette pensée : j'aime et j'estime un bon prêtre ; mais je doute que toi, ayant mené une vie cosmopolite, tu puisses te créer d'autres habitudes, et aussi sévères. »

. . . .

« Puisque tu persistes dans tes idées, — écrit Duval un mois après, — plus d'espoir pour nous de te posséder !.. Avec quelle joie pourtant nous te reverrions !

» Aussi j'apprends avec peine ta décision.

» Pourtant, que mes paroles n'altèrent en rien ton penchant ; conserve-nous toujours une place dans ton cœur comme la tienne est dans les nôtres, car nous t'aimons beaucoup.

» Ma femme se joint à moi pour te souhaiter tout le bonheur possible ; puisses-tu être exaucé dans tous tes vœux ! En te sachant heureux, nous le serons nous-mêmes ! »

. . . .

C'était pour réaliser ce rêve de bonheur qu'Olivier soupirait après le moment où la troupe à laquelle il était lié par son engagement reviendrait à Clermont, — ce qui eut lieu au sortir de Nevers, en janvier 1835.

Olivier touchait au port.

CHAPITRE SEIZIÈME.
Fouette, cocher !

CE soir-là (on était au 15 janvier 1835), la salle du théâtre de Clermont offrait une animation inaccoutumée. Du parterre au *paradis* tout était occupé une demi-heure au moins avant le lever du rideau. Si couru que fût le théâtre à cette époque, cet empressement avait évidemment une cause spéciale.

Pour la connaître, il nous suffira de saisir au vol quelques-unes des nombreuses et bruyantes conversations qui s'échangeaient dans la salle en attendant l'heure de la représentation.

AU PARTERRE.

— Je suis enchanté de le savoir de retour, ce joyeux Olivier, et je me fais une fête de l'entendre de nouveau ce soir.... Il est si drôle !

— Tu feras même bien de jouir de ce plaisir tant que tu le pourras, car il est probable que ce sera pour la dernière fois.

— Tu dis ?

— Pour la dernière fois.

— Pourquoi ça ?

— Parce qu'il veut se faire curé.

— Tu me la bailles belle !

— Je te la baille comme on me l'a baillée.

— Allons donc !

AUX PREMIÈRES GALERIES.

— Est-il vrai, comme le bruit en court, que le comique, M. Olivier, ait l'intention de quitter le théâtre ?

— On me l'a affirmé il n'y a pas encore une heure, Madame.

— Sait-on pourquoi ?

— Il paraît qu'il a déjà depuis longtemps l'intention d'entrer dans les ordres, et qu'il n'attendait que l'expiration de son engagement, qui finit ce soir, pour donner suite à son projet.

— Il n'y a pas quelque peine de cœur là-dessous ?

— Pas l'ombre !... C'est, au surplus, un singulier comédien que ce M. Olivier ; il paraît qu'il entend la messe tous les matins et que, les jours où il doit débuter dans une nouvelle pièce (du moins il faisait cela il y a un an, quand il était ici), il ne manque jamais d'aller faire brûler un cierge à Notre-Dame du Port. Il raconte lui-même qu'une fois qu'il oublia de le faire, il fut plus que médiocre à la représentation et faillit être sifflé.

DANS UNE LOGE DE GAUCHE.

Un arrivant. — Messieurs, l'*Ami de la Charte* a un fier article à sensation à faire pour demain !

Les trois occupants de la loge. — Quoi ? Qu'est-ce ? Hein ?

L'arrivant. — Olivier va entrer au séminaire.

L'imprimeur de l'*Ami de la Charte*. — Vous dites?

Le rédacteur en chef. — Quelle mauvaise plaisanterie !

Le chroniqueur. — On ne nous la fait pas, celle-là !

Le premier interlocuteur. — Doutez tant que vous voudrez, la chose n'en est pas moins ab-so-lu-ment vraie.

Le chroniqueur (prenant des notes). — Racontez-nous ça !

Son interlocuteur. — Voici comment c'est arrivé !...

(Le reste se perd dans le bruit.)

DANS LES COULOIRS.

Première ouvreuse. — C'est pas possible, mame Jicot !

Deuxième ouvreuse. — Puisque je vous dis que je l'ai vu !

— Un tableau du Sacré-Cœur ?

— Un tableau du Sacré-Cœur peint par M. Bon-homme ! un tableau qui est dans sa chambre à coucher et devant lequel mossieu Olivier récite des *oremus*.

— Vous l'avez vu, le tableau ?

— C'est ma voisine, la Lacombe, chez qui il est logé, qui me l'a fait voir.

— Un jeune homme qui a tant de talent ! Qui aurait dit ça ?

— C'est pas ordinaire pour un artiste, pas vrai ?

— Oh ! non.

— Aussi vous verrez qu'il tournera mal.

— Ça ne m'étonnerait pas.

.   .   .   .

.   .   .   .

Mais le rideau venait de se lever : les conversations cessèrent comme par enchantement, et un grand silence se fit.

Olivier parut.

Au même instant les applaudissements éclatèrent en se prolongeant comme les roulements du tonnerre, s'ar-rêtèrent une seconde, puis reprirent avec une intensité nouvelle pour s'éteindre graduellement au bout de deux à trois minutes.

Olivier devint très pâle, et sa pâleur se voyait même sous son fard. L'émotion était si subite, si vive, qu'il faillit s'évanouir. Mais sa vaillantise prit le dessus, il salua et commença : jamais il n'avait été plus en train ; jamais il n'avait joué avec un verve semblable.

A tous propos les applaudissements et les bravos l'interrompaient et l'aiguillonnaient de plus belle.

Quand arriva le dernier acte, l'enthousiasme du

public touchait au délire. Les bouquets, les couronnes pleuvaient sur la scène.

On criait : Olivier ! Olivier !

D'honneur, c'était à croire que la salle tout entière était entrée dans une conspiration ayant pour but de faire revenir Olivier sur l'abandon du théâtre qu'il préméditait.

A peine le rideau baissé, son directeur, ses camarades s'empressèrent autour de lui :

— Vous voyez bien que vous ne pouvez pas moins faire que de signer un nouvel engagement.

— Quitter le théâtre après un succès pareil, ce serait de la démence.

— Allons ! Olivier, signe vite.

— Olivier... mon bon Olivier !

— Olivier, tu ne voudrais pas mettre la troupe en l'air ?

Le dirai-je ?... Pourquoi pas ?... Olivier fut sur le point de céder, — par bonté d'âme.

Jamais, dans sa vie, il n'avait pu, de propos délibéré, causer de la peine à qui que ce fût.

Soudain le concierge du théâtre fait irruption :

— Monsieur Olivier, il y a en bas un monsieur très bien qui vous demande de suite ; c'est très pressé... très pressé.

Pendant qu'Olivier s'apprête à descendre à la suite du concierge, ses camarades lui crient :

— Nous t'attendons !... Ne sois pas longtemps !... Reviens vite !...

Olivier entendait encore ces exhortations amicales quand il mit le pied dans la rue.

Devant la porte de service réservée aux artistes, un

coupé stationnait ; les feux de ses deux lanternes faisaient miroiter la croupe d'un cheval de prix.

Une voix sortit du coupé :

— Monsieur Olivier, montez donc, je vous prie.

Olivier obéit machinalement ; à peine était-il installé que la portière se referma et, fouette, cocher ! le coupé s'éloigna d'un trot rapide et vigoureux.

M. de M..., connaissant Olivier et se doutant du dernier combat qui se livrait dans son cœur, avait pris sur lui de brusquer le dénouement.

Cette fois, c'était bien fini ; le comédien avait vécu.

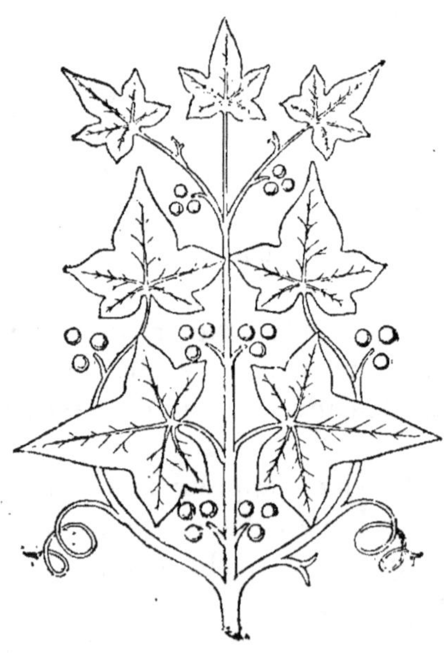

CHAPITRE PREMIER.

Un surveillant trop bon enfant.

ON n'en connaît guère à qui ce reproche puisse être adressé dans les lycées et collèges d'aujourd'hui, d'où une République athée, en chassant Dieu, a banni du même coup le dévouement affectueux et paternel pour ne laisser subsister qu'une discipline rogue et maussade, appliquée par des *pions* non moins maussades et non moins rogues.

Les pauvres diables chargés de ce métier — car c'en est un — sont le plus souvent des *ratés* qui n'ont pas assez de savoir pour professer et qui estiment en avoir trop pour rester cultivateurs ou ouvriers : demi-savants aigris par la médiocrité, déclassés envieux d'une supériorité quelconque, ambitieux réduits à se confiner dans un rôle subalterne pour gagner leur vie en faisant retomber leur mauvaise humeur sur les *potaches*.

Entre les élèves et eux, il y a les mêmes haines qu'entre le geôlier et le prisonnier : l'élève déploie la sagacité d'un Peau-Rouge pour faire une farce au pion ou pour le « mettre dedans »; le pion fait assaut d'astuce et d'adresse pour *pincer* l'élève.

Ce tournoi de méchanceté envenimant les rapports, c'est un duel de tous les instants.

Et quand, comme aujourd'hui, la religion est proscrite, par ordre, de ces maisons d'éducation transformées en gaveuses mécaniques de grec et de latin, en usines à bacheliers, le lycée devient un enfer.

Le pion trouverait dans la religion des consolations qui l'aideraient à supporter les misères de la vie ; où puiser la résignation aux maux d'ici-bas, sinon dans l'espérance d'une vie meilleure ? — On lui donne pour consigne de traiter Dieu comme s'il n'existait pas.

L'élève apprendrait de la religion à respecter le *pion* comme le représentant de l'autorité paternelle. — Le *pion* affecte tout le premier un profond mépris pour les *cléricaux*, et quand, en promenade, sa division rencontre un prêtre et lui jette quelque grosse injure, il ricane.

Conclusion : le *pion* se conduit de façon à ne pas se faire remercier par le proviseur ; l'élève, de manière à éviter la retenue ou le pensum, — absolument comme les rastaquouères qui frisent le code sans verser dans la correctionnelle.

Avec de pareils *principes*, on peut se figurer quelle génération l'Université de M. Ferry nous donnera dans quelques années d'ici.

Que le contraste est saisissant avec l'éducation en honneur dans les maisons religieuses !

Là, les professeurs ne font pas leurs classes pour s'acquitter d'une corvée, mais bien pour remplir une mission. Ce ne sont pas des mercenaires vis-à-vis desquels on se tient pour libéré quand on a payé sa pension, mais des maîtres (dans le sens chrétien du mot) qu'on aime, qu'on estime et qu'on est toujours heureux de retrouver.

J'ai fait, pour mon compte, la plus grande partie de mes études dans un petit-séminaire ; ce n'est jamais sans un battement de cœur et une grande joie que, dans le monde, il m'est arrivé de rencontrer un de mes anciens professeurs.

Le caractère sacerdotal imprime aux rapports entre maître et élève un cachet particulier, non seulement de respect, mais d'affection, paternelle d'un côté, filiale de l'autre.

Ainsi se peut expliquer la supériorité, même au point de vue classique, des établissements congréganistes sur les établissements universitaires : quand on aime son professeur, on travaille avec plus de plaisir, plus d'ardeur, et partant plus de fruit que quand la crainte d'être puni est le seul mobile qui fait agir.

Est-ce à dire qu'il n'y ait que de bons élèves dans les maisons religieuses ? Évidemment non.

Il y a eu, il y a, et il y aura toujours des cancres.

Mais au lycée le cancre peut rester cancre si cela lui convient : tant pis pour lui.

Dans les établissements congréganistes, on fera l'impossible pour vaincre sa paresse ; si l'on n'en vient pas à bout, c'est que la maladie est incurable.

Et que l'on n'aille pas s'imaginer que la vie soit plus triste au séminaire, par exemple, qu'au lycée, parce que la religion préside à tous les exercices : la piété qu'on y enseigne n'est point une piété renfrognée, morose, ennemie des jeux et de la gaieté.

Il eût fallu entendre jadis les belles envolées de rire qui emplissaient le réfectoire du petit-séminaire de Saint-J... quand, après le *Benedicite*, on nous accordait *Deo gratias*, c'est-à-dire le droit de parler au lieu d'entendre la lecture réglementaire !

La nourriture ne valait peut-être pas celle que les raffinements de la civilisation — pour parler comme

M. Prudhomme, — ont introduite depuis lors jusque dans les pensions les plus modestes. Mais nous n'y regardions pas de si près : l'appétit est, on le sait, un excellent cuisinier ; le nôtre valait Trompette.

On ne nous gâtait pas d'ailleurs comme on le fait trop souvent à notre époqne, où, à force de prévenir les caprices des enfants, on les effémine, quand on ne les blase pas avant l'âge.

Nos goûters se composaient, neuf fois sur dix, de pain sec, et nous ne nous en portions pas plus mal.

Aujourd'hui le moindre petit bonhomme de neuf ans, quand il a été sage, reçoit de ses parents une montre en récompense ; à douze ans il a un cheval, à quatorze ans un fusil. Quand il arrive à vingt ans, on ne sait plus que lui donner. Il cherche alors du nouveau, et Dieu sait ce qu'il trouve !

Nous n'étions pas si exigeants, nous autres ; quand on nous gratifiait d'une montre à l'occasion de notre première communion, c'était le bout du monde.

Il me semble aussi que notre gaîté était peut-être plus bruyante que celle de la jeunesse actuelle, mais aussi plus franche.

De nos jours, on dirait qu'on n'a même plus la tentation de s'amuser innocemment.

Pour le lycéen actuel, le comble de la félicité est borné au nord par un cigare, à l'est par un bock, à l'ouest par un billard, au midi par le théâtre, — quand ce n'est pas pis.

Il n'y a plus d'enfants ! disait-on il y a déjà longtemps. Aujourd'hui il n'y a presque plus de jeunes gens ; ce sont de petits vieux, habillés suivant les règles du *pschutt*, du *vlan* et du *tschok*, lisant Zola, visant à paraître ennuyés et parvenant à être ennuyeux.

Les trois quarts de ceux qui ont sucé le lait de l'*Alma Mater* ont été coulés dans ce moule-là.

Attendez qu'en outre ils sachent leur Paul Bert sur le bout du doigt, et vous m'en direz des nouvelles.

J'avoue que nous ne ressemblions guère à ces gommeux, à ces boudinés, — comme s'appellent élégamment ces « nouvelles couches » ; — nous ne faisions pas tant de façons ; le nœud de cravate pouvait n'être pas...

. . . .

J'entends le lecteur qui m'interrompt :

— Ah ! ça ! quel âge avez-vous donc ?

— ? ? ?

— Vous radotez comme un vieux.

— ! ! !

— Pour peu qu'après nous avoir raconté vos impressions de collège, vous vous mettiez à nous narrer vos campagnes, nous ne sommes pas au bout de nos peines.

. . . .

J'en demande pardon au lecteur, mais la recherche d'une transition m'a entraîné, je l'avoue, plus loin que je ne voulais aller.

J'ai perdu la transition de vue pour baguenauder à la poursuite des souvenirs de jeunesse qui se sont mis à papillonner devant moi.

Mais je reviens à ma transition ; encore quelques lignes de patience, et je mettrai la main dessus.

.... Si nous ne boudions pas devant les amusements, au petit-séminaire de Saint-J..., nous ne boudions pas non plus devant le travail.

Mon professeur de quatrième, qui en a gardé note, me rappelait dernièrement les joutes de mémoire que nous livrâmes naguère. J'ai récité alors pour ma part tout *Cornelius Nepos*, plusieurs livres de l'*Énéide*, l'*Évangile* selon saint Luc *en grec*, etc..., etc...

Un de mes camarades, original fieffé, a accompli des tours de force bien supérieurs. Trouvant qu'il perdait du temps à chercher ses mots dans le dictionnaire pour les thèmes et les versions, il se mit en tête d'apprendre son Quicherat par cœur. Quand on s'en aperçut, on l'arrêta : en trois jours il était arrivé à la lettre D. On l'interrogea pour savoir s'il ne plaisantait pas : il récita mot pour mot, sans hésitation, tous les passages qu'il plut à notre professeur de lui demander.

Donc, si on s'amusait bien, on travaillait bien aussi; cela était et est resté vrai, (voilà ma transition !) non seulement pour le petit-séminaire de Saint-J..., mais encore pour tous les établissements congréganistes en général et pour le petit-séminaire de Clermont-Ferrand en particulier.

Je me vois toutefois contraint de confesser que le travail souffrit un peu, dans cette dernière maison, un beau dimanche du mois de février 1835, de l'entrée en fonctions d'un nouveau surveillant, chargé de la division des petits.

Ce surveillant, qu'on installait du jour au lendemain en pleine année scolaire, piqua vivement la curiosité.

C'était sans doute un prêtre d'un diocèse voisin, récemment arrivé dans le diocèse de Clermont ?...

Vous n'y êtes pas.

Le nouveau surveillant portait bien la soutane, mais non la tonsure. C'était donc simplement un séminariste, qui avait dû commencer ses études fort tard. On ignorait, du reste, d'où il venait ; tout ce qu'on savait, c'était qu'il s'appelait M. Olivier.

Les élèves ne tardèrent pas à s'apercevoir que M. Olivier avait l'abord facile et le caractère à l'avenant ; jamais ils n'avaient eu un surveillant aussi bon enfant que celui-là.

Cela étant, ils firent ce que tous les élèves font en pareil cas, ce que nous aurions fait nous-mêmes à leur place : ils abusèrent de la situation.

Le supérieur du petit-séminaire gronda doucement M. Olivier : sans doute il fallait être bon, mais pas trop; Monseigneur avait bien voulu placer M. Olivier au petit-séminaire pour lui procurer le moyen de faire ses études auprès de deux professeurs de la maison, en même temps que la satisfaction, si vivement désirée, de revêtir la soutane avant même son entrée au grand-séminaire ; mais il devait à son nouvel habit de ne pas laisser outrepasser, dans la division qu'il avait mission de surveiller, les bornes d'une sage tolérance ; etc., etc.

M. Olivier, tout confus, avouait ses torts, promettait de s'amender et... recommençait le lendemain.

Il fallut aviser à remplacer ce surveillant trop bon enfant.

Une circonstance cruelle, qui aurait pu devenir fatale, épargna au supérieur la peine de prendre sur lui d'interrompre les fonctions de M. Olivier : ce dernier se blessa à la jambe dans une chute. La blessure s'envenima à un tel point qu'un moment l'amputation fut presque jugée nécessaire.

Fort heureusement cette extrémité put être évitée et la guérison obtenue.

Quand M. Olivier fut rétabli, il apprit que Mgr Féron lui avait assigné une nouvelle résidence : on verra quelle elle était dans le chapitre suivant.

CHAPITRE DEUXIÈME.
Un curé d'autrefois.

LASCHAMPS est une petite paroisse perchée à 1065 mètres au-dessus du niveau de la mer (400 mètres de moins seulement que le puy de Dôme), isolée, pauvre, agreste, dont les exercices du tir d'artillerie troublent seuls chaque année, à époque fixe, la monotone tranquillité.

Le plateau où elle est située s'étend entre le puy de Dôme et Clermont.

En été, l'aspect est enchanteur et la vue admirable ; il n'est pas jusqu'à cette herbe fine comme un dard, cette herbe qu'on ne trouve que dans la montagne, qui ne caresse agréablement l'œil ; les bruits de la ville viennent mourir là, et l'on y est relativement si rapproché du ciel qu'on est porté à en rêver plus souvent.

Mais l'été est de courte durée à cette altitude ; et quand l'hiver reprend ses droits, brrr !

Le vent souffle avec furie, le froid et la neige élisent domicile pour de longs mois : on se croirait alors, non à quelques kilomètres de Clermont, mais dans une thébaïde.

Telle était pourtant la nouvelle résidence assignée à M. Olivier.

J'avoue que l'autorité ecclésiastique ne le ménageait pas ; mais on voulait éprouver sa vocation, on tenait à s'assurer que rien ne la découragerait.

C'est pour cela que Mgr Féron adressa M. Olivier à M. l'abbé Peyrac, curé de Laschamps.

Quand notre étudiant de 33 ans alla frapper à la porte du presbytère, un samedi du mois de juin 1835, il fut reçu par un prêtre âgé, déja voûté quoiqu'encore vigoureux; la sévérité naturelle de son visage était à peine tempérée par une certaine bienveillance.

C'est que l'abbé Peyrac avait compté dans sa vie plus d'épreuves que de joies.

Ordonné prêtre pendant la Terreur, il avait eu une existence fortement accidentée. Obligé de se cacher comme tant d'autres de ses confrères, il avait failli payer plus d'une fois de sa tête l'accomplissement de son ministère.

Il lui en était resté une rudesse plus apparente que réelle, mais qui ne laissait pas d'intimider ceux qui le voyaient pour la première fois.

M. Olivier ressentit naturellement cette impression.

Il avait fait gaîment la route de Clermont à Laschamps, — j'ai dit que c'était au mois de juin; — les oiseaux chantaient dans les arbres, le ciel était bleu, le soleil donnait au paysage un aspect éblouissant; l'accueil de M. l'abbé Peyrac assombrit subitement le tableau.

Toutefois, quand le vieux curé de Laschamps eut pris connaissance de la lettre dont M. Olivier était porteur de la part d'un des vicaires-généraux de Clermont, son visage s'éclaira un peu; il sourit au nouvel arrivant, lui indiqua un siège, et la conversation suivante s'engagea :

— Je ferai tout mon possible, Monsieur Olivier, pour répondre au désir que me fait manifester notre bon évêque, et pour m'acquitter de la tâche qu'il m'assigne;

toutefois je ne veux pas vous prendre en traître et je tiens à vous dire, dès à présent, quelle est ma manière de vivre : si elle vous effraye, vous en serez quitte pour avoir fait une promenade hygiénique à Laschamps ; si elle ne vous paraît pas trop redoutable, nous pourrons dès aujourd'hui commencer notre vie à deux, et dès demain vous reprendrez vos études.

— Monsieur le curé, je vous écoute.

— Voici mon ordinaire : le matin, la soupe ; à dîner, la soupe et un plat de pommes de terre ; le soir, la soupe. Le dimanche on ajoute, à dîner, un morceau de lard aux pommes de terre. Je ne fais jamais de feu dans ma chambre, il serait impossible d'en faire dans celle que je vous destine, puisqu'elle n'a pas de cheminée. J'ajoute que ma vieille Marie, ma domestique, n'est plus bien forte ; pour ne pas augmenter son ouvrage, vous voudrez bien faire vous-même votre lit. Cela vous convient-il ?

Si héroïque que fût Olivier, il eut une minute d'hésitation. Sans doute il n'avait pas mené jusque-là l'existence d'un millionnaire ; plus souvent qu'à son tour il lui était arrivé de tirer le diable par la queue. Jamais cependant il n'avait tâté d'un règlement de vie aussi rude ni aussi frugal que celui-là.

Néanmoins son hésitation ne fut pas longue ; il voulait être prêtre, coûte que coûte.

— Monsieur le curé, dit-il simplement, j'accepte.

CHAPITRE TROISIÈME.
Premières épreuves.

IL n'y eut pas grand'chose à dire aussi longtemps que dura l'été; M. Olivier s'était fait tant bien que mal au régime du pain noir, de la soupe, des pommes de terre et du lard (le dimanche) : le bon air et le soleil lui tenaient lieu de dessert.

De plus, il avait de temps à autre quelques visites d'amis; tantôt l'un d'eux l'emmenait dîner à la Baraque, petit village situé à l'autre extrémité du plateau de Laschamps; tantôt celui-là apportait de Clermont quelques provisions et l'on goûtait joyeusement sur l'herbe.

Mais quand la mauvaise saison arriva, les visites cessèrent, les promenades aussi, et le froid se fit sentir avec non moins d'acuité que l'isolement : deux choses que M. Olivier redoutait par-dessus tout. Dans ce presbytère glacial, il grelottait la nuit, il grelottait le jour.

Si j'en crois même certaine lettre égarée dans la correspondance de notre héros, quelques petites difficultés domestiques avec la servante de M. Peyrac vinrent encore compliquer ses misères.

Ce n'était pas sans des prodiges d'économie que la servante parvenait à joindre les deux bouts, avec le traitement plus que modeste que recevait son curé et un casuel imaginaire. Aussi avait-elle vu avec inquiétude le presbytère s'augmenter d'une nouvelle bouche, inquiétude bientôt justifiée, car la petite pension qu'on payait pour M. Olivier équilibrait imparfaitement la dépense supplémentaire qu'il occasionnait.

La servante de M. le curé de Laschamps eut peut-être le tort de le lui faire sentir un peu trop durement dans un moment de mauvaise humeur : M. Olivier en souffrit beaucoup.

Ne jetons pourtant pas la pierre, pour cela, à ces modestes et dévouées domestiques de curés, qui, si elles ont leurs travers, possèdent en revanche tant de qualités.

Sans doute elles justifient parfois cet apologue qu'un auteur malin a inventé à leur sujet :

La première année, la servante de curé dit : « Les poules de M. le curé; » la seconde année : « Nos poules; » et la troisième année : « Mes poules. »

D'aucunes même, j'en conviens, vont jusqu'à annoncer : « Dimanche, *nous* dirons la messe à telle heure. »

Mais que de trésors de dévouement rachètent ces écarts de vanité! Et que de budgets de curés seraient continuellement en déficit sans l'industrieux concours de ces utiles auxiliaires!

D'ailleurs, avec le caractère que nous connaissons à M. Olivier, la brouille ne dut pas être de longue durée; et puis il souffrait plus du fait de la température que de la cuisinière.

Le latin, le grec, passe encore! mais le froid!....

Aussi bien, vers la fin du mois de mars 1836, n'y tenant plus, M. Olivier demanda à M. l'abbé Peyrac la permission de se rendre à Clermont : il poussa droit à l'évêché.

— Monseigneur, s'écria-t-il, l'épreuve que vous m'avez imposée est au-dessus de mes forces. Je veux toujours devenir prêtre, mais s'il est possible de m'y préparer ailleurs qu'à Laschamps, je vous supplie, en grâce, de m'accorder une autre résidence. Il y fait si froid que mes bonnes intentions risqueraient de geler.

— Mon cher enfant, répondit l'évêque en souriant, je n'osais même pas compter que vous tiendriez si long-temps. Nous verrons à vous faire oublier cela.

CHAPITRE QUATRIÈME.
Accalmie.

Avril venait d'éclore : le soleil se faisait plus chaud, la brise moins âpre. Les buissons, fatigués d'être restés plusieurs mois de suite pareils à des squelettes, se tachetaient de vert tendre. Sur les coteaux aussi bien que dans le plaine, l'uniformité terreuse du sol était rompue par des teintes roses ou blanches ; les pêchers et les amandiers étaient en fleurs.

Le gazon s'émaillait de violettes et de primevères, — cette avant-garde embaumée du printemps qui témoigne de l'éternelle jeunesse de la nature, et procure à qui sait admirer l'œuvre du Créateur de si douces griseries de cerveau.

Le plus indifférent se sent revivre au contact de cette résurrection périodique de la végétation. On peut s'imaginer l'impression que ressentit M. Olivier, dont la sensibilité était extrême, en gagnant, dans de telles conditions et en compagnie d'un ami, la nouvelle retraite choisie pour lui par Monseigneur.

Le bon évêque avait tenu parole : en envoyant M. Olivier à Chanonat au sortir de Laschamps, c'était le paradis après le purgatoire.

Chanonat est une riante commune, distante de Cler-

mont d'environ 11 kilomètres et située à une altitude
moyenne : ni trop haut ni trop bas ; le climat y est doux,
les habitants affables, la vue très belle, l'air excellent ;
Chanonat tient en même temps du pittoresque des
montagnes et du bien-être cossu de la plaine : on dirait
une maison bourgeoise entre cour et jardin.

Si M. Olivier eût été apte à enfiler des rimes, il eût
trouvé à chaque pas une admirable matière à mettre en
vers français. Son ardeur poétique se fût encore accrue
en apprenant que Chanonat possède une maison qu'ha-
bita Delille.

Mais il n'avait pas ce talent — ou ce défaut — (au
choix du lecteur) ; il se contentait d'admirer, sans se
croire obligé de décanter son admiration en lignes de
douze pieds, — d'aucuns vont même jusqu'à treize.

Reçu à bras ouverts par le curé de Chanonat, M. l'abbé
Verdier, il lui sembla, quelques heures après son arrivée, qu'il avait toujours vécu à Chanonat : Laschamps
était oublié!

M. l'abbé Verdier, ancien professeur de rhétorique
au petit-séminaire de Clermont, faisait ce que font plusieurs de ses confrères : il résolvait le lourd problème
de s'acquitter de son ministère et d'enseigner le latin à
quelques jeunes gens désireux d'embrasser l'état ecclésiastique, mais que leur âge ou la modicité de leurs
ressources empêchait de faire au séminaire toutes leurs
classes, depuis la huitième jusqu'à la rhétorique inclusi-
vement.

Que de prêtres éminents, distingués, célèbres même,
doivent d'être ce qu'ils sont à leur curé ou à leur vicaire,
qui, en leur apprenant *Rosa, la rose*, a facilité leurs débuts, aplani des obstacles insurmontables sans cette

intervention, et fourni ainsi à l'Église des recrues précieuses!

M. Olivier vint grossir le nombre des élèves que M. l'abbé Verdier préparait et qui devinrent pour lui autant d'amis dévoués (1). Il y avait entre eux une seule différence, c'est que M. Olivier était pensionnaire (2) tandis que les autres n'étaient, pour ainsi dire, qu'externes. J'ajoute que la table de M. l'abbé Verdier, non luxueuse, mais confortable, n'eut pas de peine à faire oublier les menus lacédémoniens du digne abbé Peyrac.

Les deux années que M. Olivier passa à Chanonat furent pour lui deux années de délices : il travaillait d'arrache-pied et faisait des progrès rapides.

Aux heures de récréation, les sujets de promenades ne manquaient pas, et il les variait à l'infini.

Tantôt il allait à Clermont prêter le secours de son expérience aux professeurs du petit-séminaire pour exercer les élèves en vue des petites représentations qu'on a coutume de donner dans le courant de l'année, ou à l'occasion de la distribution des prix; tantôt, à Chanonat, épris plus que jamais de son goût naturel et déjà ancien pour les cérémonies religieuses, il cherchait à en rehausser la pompe par tous les moyens en son pouvoir.

Un jour de Fête-Dieu, il métamorphosa un certain nombre d'enfants de chœur en pseudo chérubins; on en parla longtemps à Chanonat, où M. Olivier conquérait chaque jour de nouvelles sympathies.

---

(1) M. l'abbé Martin, mort il y a quelques années curé de Montferrand, près Clermont, était un des condisciples de M. Olivier chez M. l'abbé Verdier.

(2) Le regretté M. Enjelvin et M. Marcland, curé de Pontgibaud, se chargèrent de recueillir auprès de personnes charitables les ressources nécessaires pour parfaire la somme fournie par Mgr Féron en vue des frais de pension et d'entretien de M. Olivier.

Si en effet, en Auvergne, les abords sont en général un peu froids, empreints d'une certaine méfiance, par contre, cette froideur fait place à de chaudes affections quand la glace est rompue; l'Auvergnat ne se livre ni ne se lie facilement, mais quand il aime, il aime bien.

M. Olivier l'éprouva à son profit, et ce ne fut pas une des moindres raisons de l'attachement qu'il eut toujours pour l'Auvergne.

Aussi on comprend quel coup il ressentit quand on lui annonça qu'il serait probablement obligé de la quitter pour recevoir les ordres et exercer le ministère sacerdotal.

Ses épreuves allaient donc recommencer?

Mgr l'évêque de Clermont éprouvait des scrupules, du reste fort compréhensibles, à couronner la vocation religieuse de M. Olivier dans le même pays où tant de personnes l'avaient connu comédien.

La perspective de voir monter M. Olivier à l'autel dans la même ville où on l'avait vu sur les planches du théâtre, méritait au moins réflexion.

En attendant que la question fût définitivement tranchée, on décida que M. Olivier, mis par les soins de M. l'abbé Verdier en situation d'entrer au grand-séminaire, ferait sa philosophie et sa théologie dans un diocèse autre que celui de Clermont.

Un des protecteurs de M. Olivier obtint pour lui une bourse au grand-séminaire de Meaux.

Lorsque cette décision lui fut signifiée, M. Olivier versa d'abondantes larmes : quitter cette Auvergne, qu'il se plaisait à appeler sa seconde patrie, abandonner ses amis, lui parut un sacrifice surhumain.

Il existe à Chanonat un petit sanctuaire en grande

vénération dans le pays, et placé sous le vocable de Notre-Dame-de-l'Arbre : M. Olivier alla s'agenouiller devant cet oratoire et y pleura une journée presque entière.

« — Pauvre Sainte Vierge, s'écriait-il naïvement, il n'y a que vous qui me compreniez ! »

Puis il ramassa une poignée de terre, l'offrit à Marie et l'enferma dans un petit sachet :

« — C'est de la terre d'Auvergne, disait-il, je l'emporte... Si je meurs hors de l'Auvergne, je veux mourir sur ce petit sac de terre. »

M. Olivier conserva effectivement ce souvenir jusqu'à sa mort; il l'arrosait de ses larmes quand l'ennui de vivre loin de Clermont l'accablait au grand-séminaire de Meaux, où nous allons le suivre.

CHAPITRE CINQUIÈME.
Meaux, pluriel de mal.

C'EST à l'aide de cette périphrase irrespectueuse, — mon souci de la vérité m'oblige à le reconnaître, — que M. Olivier désignait la ville illustrée par Bossuet.

Son éloignement forcé de l'Auvergne lui insufflait, à lui si bon, si conciliant, je ne sais quelle mauvaise humeur contre tout ce qui n'était pas « sa patrie d'adoption ».

A Meaux, il se considérait comme étant en exil, — non pas que le règlement fût plus sévère au grand-séminaire de cette ville qu'ailleurs, mais, brusquement sevré des amitiés qu'il avait rencontrées en Auvergne, il se trouvait doublement dépaysé dans une ville qu'il ne connaissait pas, et au milieu d'étudiants qu'il ne connaissait pas davantage.

Sa venue parmi eux excita même une curiosité dont M. Olivier s'accommodait mal.

Il avait été convenu qu'il ne révélerait pas à ses nouveaux camarades son passé d'artiste, — puisque c'était justement à cause de cela qu'on avait résolu de mettre une certaine distance entre Clermont et lui.

Seuls les directeurs du grand-séminaire étaient au courant de la situation.

Donc M. Olivier était devenu muet par ordre sur tout ce qui concernait son existence antérieure; aussi son embarras était extrême quand ses camarades, étonnés de son âge, de ses cheveux qui commençaient à grisonner, le pressaient de questions indiscrètes :

— Tu as donc commencé tes études bien tard?

— Parions que tu as été marié.

— Tu es veuf?

— Tu est peut-être étranger? natif des colonies?

Et autres interrogations saugrenues qui mettaient M. Olivier sur le gril.

Il avait, par goût et par nature, plus de propension à parler qu'à se taire ; n'ayant rien à cacher, il ne lui répugnait pas — au contraire — de narrer, le cas échéant, quelques anecdotes relatives à sa vie d'autrefois ; c'est pourquoi, peu habile à dissimuler et pourtant obligé de conserver une sorte d'anonymat, il souffrait d'avoir à se dérober aux interrogations de ses camarades.

Ceux-ci, étonnés de sa réserve, avaient fini par concevoir à son endroit des soupçons fort pénibles pour M. Olivier.

Il s'en vengeait sur Meaux, — pluriel de mal, — et s'en consolait en décrivant ses peines à ses bons amis d'Auvergne, qui ne lui ménageaient ni leurs lettres ni leurs encouragements.

L'un d'eux, qui avait passé deux ans avec M. Olivier à Chanonat, et qui était élève au grand-séminaire de Montferrand, lui écrivait à la date du 18 décembre 1838 :

« Mon cher Ami,

« La lettre que vous m'avez envoyée m'a, d'une part, fait un grand plaisir en ce que j'ai vu que vous ne m'aviez pas oublié; mais, d'autre part, m'a bien attristé, en m'apprenant l'ennui où vous êtes plongé. Mon cher Olivier, je vous plains et je comprends votre situation; mais cependant permettez que je vous dise de ne pas désespérer.

» Votre cœur souffre, oui, je le crois, vous si sensible, et par cela même si aimant : quoique éloigné, vous gardez toujours la même amitié pour ceux que vous avez connus.

» Mais croyez qu'ils ne vous oublient pas de leur côté : ils prient Dieu pour vous; ce bon Père vous donnera des forces. Vous avez fait pour lui un grand sacrifice, mais il saura le récompenser.

» Sans doute vous avez bien à souffrir, mais regardez quelquefois l'habit que vous portez, cette soutane que vous désiriez tant. Vous l'avez maintenant, et ce doit être pour vous une consolation.

» Rappelez-vous les vœux que vous faisiez : *O mon Dieu*, disiez-vous, *si je pouvais être prêtre !*

» Eh bien! vous êtes sur la voie. Un peu de patience encore, et vous toucherez au but.

» Adieu, mon bon Olivier, priez pour moi; de mon côté, je prie souvent pour vous.

» Ayez confiance dans le bon Maître et ne désespérez pas de revoir l'Auvergne.

« R... »

De son côté, le bon abbé Verdier écrivait au pauvre M. Olivier :

» J'ai lu et relu toutes vos lettres, tant celles qui m'ont été adressées personnellement que celles écrites à mes élèves :

toutes elles sont le triste écho de vos souffrances et de vos douleurs, et tout cela vibre au fond de mon cœur.

» J'ai passé, moi aussi, par des épreuves, et je puis dire avec le poète : *Non ignara mali miseris succurrere disco.*

» Permettez-moi donc de vous dire, avec tout l'intérêt que je vous porte, que vous êtes dupe de votre imagination.

» Quoi! on ne vous a pas voulu, ou plutôt la Providence ne vous a pas voulu à Clermont? Eh! ne savez-vous pas qu'ayant, comme hommes, une patrie, comme chrétiens nous sommes cosmopolites? Un prêtre est un apôtre; or, un apôtre est essentiellement un voyageur.

» Ah! prenez garde! prenez garde d'offenser le divin Maître, qui envoie ses ouvriers dans tous les coins et recoins de sa vigne. Qu'importe Clermont ou Meaux, pourvu qu'on serve bien le bon Dieu? C'est au zèle et aux efforts, et non pas seulement au succès, qu'est promise la couronne immortelle. La terre de Meaux est ingrate? Vous y sèmerez, et le Seigneur fera fructifier la récolte s'il le juge à propos. Le reste ne doit pas vous inquiéter.

» Quant à vos présentes tribulations, vous deviez vous y attendre; tant de fois je vous en avais parlé! C'est une nécessité; je dis plus et mieux : c'est un bonheur, un grand bonheur, voyez-vous, de vivre en bon séminariste, de bien souffrir, de bien travailler à devenir pieux, fervent, instruit : *Pietas ad omnia utilis est.*

» La persécution est aussi venue visiter Mgr de Clermont, à cause de son refus de donner la sépulture catholique à M. de Montlosier, qui n'a pas voulu rétracter, avant de mourir, ses impiétés imprimées; notre évêque a été frappé par le Conseil d'Etat d'une déclaration d'abus, pour avoir fait courageusement son devoir !..»

. . . .

A propos de cet incident, je trouve dans une autre lettre, adressée à M. Olivier par un habitant de Chanonat, des détails qui n'apprendront sans doute rien de nouveau sur la mort du trop célèbre M. de Montlosier, mais qui présentent un certain intérêt, ayant été écrits à l'époque même où le fait se produisit :

« Chanonat, 27 décembre 1838.

« Mon cher ami,

« Monseigneur n'est plus à Clermont, mais bien à Montferrand; en outre, il n'y a pas eu de messe de minuit à Clermont, je vais vous dire pourquoi.

» M. de Montlosier est mort.

» Le premier jour de sa maladie, Mgr Féron alla le voir, mais il ne fut pas reçu. Il demanda l'heure à laquelle il pourrait revenir; on lui dit qne ce serait sur les deux heures. Il revint donc et fut enfin admis.

» M. de Montlosier lui dit qu'il voulait se confesser et, sur la réponse que lui fit Monseigneur qu'il fallait auparavant rétracter ses écrits, il dit qu'il voulait se confesser comme les autres, mais qu'il ne serait pas question de ses ouvrages. Monseigneur refusa alors d'entendre sa confession.

» M. de Montlosier fit demander ensuite successivement tous les prêtres de Clermont; tous refusèrent de venir. Enfin le vicaire des Minimes, après en avoir reçu la permission de Monseigneur, se transporta auprès de notre malade et, après qu'il en eut reçu la promesse de rétracter ses écrits, lui donna l'absolution. Mais le malade ne tint pas parole; deux heures après il était mort.

» Monseigneur lui refusa les honneurs de la sépulture catholique; toutes les églises furent fermées.

» Le maire ordonna de les ouvrir, ajoutant que, si on refusait, il les ferait ouvrir de force par les sapeurs.

» Les portes des églises furent donc ouvertes, mais on n'y entra point.

» Aux obsèques, la garde nationale faisait cortège au défunt, et un régiment avait été divisé dans toute la ville de peur du tumulte.

» On transporta le mort dans le tombeau qu'il avait fait faire à son château de Randanne.

» Les journaux ont parlé différemment de cet incident : l'*Ami de la Charte* a inventé tout ce qu'il a pu pour noircir Monseigneur et dire du mal du clergé ; de son côté la *Gazette d'Auvergne* a entrepris avec succès de le justifier....»

. . . .

Le caveau dans lequel M. de Montlosier fut inhumé est situé à côté du château de Randanne, dans un parc planté de sapins.

Ces arbres magnifiques, acclimatés dans un terrain « rapporté », là où jadis les rochers seuls avaient droit de cité, font honneur au talent d'arboriculteur de M. de Montlosier ; l'inscription : « *C'est une croix de bois qui a sauvé le monde,* » placée sur la tombe, contraste péniblement, par son affectation de modestie, avec l'orgueil qui dicta le refus de rétractation du mourant.

Le tout présente un aspect lugubre, presque sinistre, que n'ont pas nos cimetières catholiques : la verdure, l'ombre et les fleurs ne font pourtant pas défaut ; mais il y manque la bénédiction de l'Église.

. . . .

Laissons M. de Montlosier pour revenir à M. Olivier, dans l'âme duquel, d'ailleurs, aucun germe de révolte pareille ne pouvait exister ; ses plaintes portaient sur l'éloignement où il se trouvait de ses amis, voilà tout ; seulement, le chagrin qu'il en ressentait était tel qu'il conçut le projet d'aller s'enfermer à la Grande-Chartreuse.

Ce plan fut, comme bien l'on pense, vigoureusement combattu par ses protecteurs et par ses amis.

« Mon bien-aimé Olivier, — lui écrivait M. Martin, un de ses anciens condisciples chez M. l'abbé Verdier, — vous m'avez coupé bras et jambes ! Qui a pu vous inspirer cette idée?... Ne vous y trompez pas, ce n'est ni Dieu ni la Sainte Vierge.

» Je vous en conjure, chassez bien loin de vous de telles pensées. »

Une autre personne lui écrivait, le 9 décembre 1839 :

« Je ne prends pas au sérieux votre projet de retraite à la Grande-Chartreuse. S'il s'agissait de celle qui est près de Pontgibaud (1), passe encore ! Mais l'autre, non.

» Du reste, êtes-vous sûr que vous serez reçu dans la maison

---

(1) La Chartreuse du Port Sainte-Marie, située en Auvergne, dans le canton de Pontgibaud, sur les bords de la Sioule, fut fondée en 1147 par deux seigneurs du voisinage ; elle fut vendue nationalement en 1791 et démolie quelques années après.

où vous vous proposez d'entrer? Votre santé, votre poitrine délicate vous permettraient-elles d'y rester?

» Vous savez que, pour être admis à la Grande-Chartreuse, pour pouvoir supporter les travaux pénibles et les austérités de la règle, il faut être bien portant.

» Ce n'est pas que je doute de votre zèle pour la gloire de Dieu, et surtout de votre esprit de sacrifice. Mais il me semble que vous procureriez plus de gloire au bon Dieu en un an dans le ministère auquel vous êtes appelé, qu'à la Chartreuse dans tout le cours de votre vie, fût-elle aussi longue que celle de nos anciens patriarches.

» Je vous prie donc, au nom de toute ma famille, qui vous aime tant, de suspendre votre résolution.

» M. l'abbé Verdier, qui a dû vous écrire, vous a dit sans doute, mieux que je ne saurais le faire, ce qu'il pensait de votre projet. Il ira un de ces jours à Clermont et fera l'impossible pour obtenir qu'il vous soit permis de venir terminer vos études en Auvergne. »

M. Olivier céda aux instances de ses amis, mais il ne put leur obéir au point de se résigner à vivre loin d'eux. Il tomba malade; un moment même on craignit de le perdre.

Dans son délire, ceux qui le veillaient l'entendaient répéter : « Ces couronnes, ces bouquets, je foule tout cela aux pieds.»

Ces paroles avaient pour eux un sens caché dont ils n'eurent l'explication que quelques jours plus tard, quand M. Olivier fut entré en convalescence.

Ses cheveux étaient devenus blancs comme ceux d'un vieillard; le sourire jeune et radieux qui illuminait son visage certain mardi de janvier 1840, après la lecture d'une lettre portant le timbre de Clermont et le sceau de l'évêché, n'en était que plus saisissant.

Mgr Féron s'était laissé toucher une seconde fois par les épreuves de M. Olivier ; la maladie du séminariste

6

avait fait fléchir la résolution du vénérable prélat :
M. Olivier était autorisé à revenir à Clermont.

Dégagé de son vœu de silence, il donna enfin à ses
camarades le mot de l'énigme qui les avait si longtemps
et si fortement intrigués; émus et profondément édifiés
de ce qu'ils apprenaient, ceux-ci demandèrent pardon à
M. Olivier de leurs taquineries et de leurs soupçons.

Le pardon fut aussi généreusement octroyé qu'il était
sincèrement sollicité.

Et voilà M. Olivier en route pour Clermont!

Quand la diligence le déposa sur la place Jaude, il se
mit à humer l'air à pleins poumons; à l'en croire, sa convalescence venait de faire en quelques minutes des progrès surprenants : depuis que son pied avait touché de
nouveau le sol de l'Auvergne, il se sentait complétement
guéri.

M. Olivier acheva ses études de théologie auprès
d'un professeur du petit-séminaire de Clermont jusqu'au jour où Mgr Féron l'admit au sacerdoce.

Ce jour-là, jour béni entre tous, M. Olivier atteignit
enfin le but qu'il avait si ardemment rêvé et si énergi-
quement poursuivi : il était prêtre!

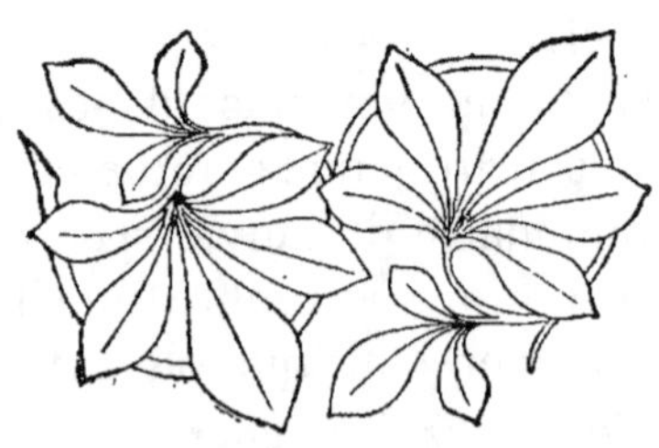

CHAPITRE PREMIER.

Merdogne.

J'EN demande un million defois pardon au lecteur, mais si, comme le voulait Boileau, on doit appeler chat un chat, à plus forte raison doit-on appeler une localité du nom qu'elle porte.

Or, le poste auquel M. l'abbé Olivier fut nommé en 1853, après avoir été successivement vicaire à Dallet et à Cournon (1), s'appelait Merdogne.

Je m'empresse d'ajouter que Cambronne ne fut pour rien dans l'étymologie de ce vocable, qui remonte, dit-on, à l'époque gallo-romaine. La tradition veut en effet que Mars et Diane aient été adorés alors en cet endroit.

Mars et Diane, d'où, par corruption *gauloise* — c'est le cas de le dire — on fit *Merdonia* en 1270, *Merdoigne* en 1686, et enfin *Merdogne*, — voilà, je l'espère, de l'érudition de bon aloi, puisque je l'ai puisée dans les ouvrages spéciaux écrits sur l'Auvergne.

Je pourrais ajouter qu'il existe une liste des seigneurs de Merdogne ; que Merdogne était autrefois l'un des quinze archiprêtrés de Clermont ; que la cure fut, en

---

(1) Deux paroisses importantes situées dans l'arrondissement de Clermont, et où M. l'abbé Olivier obtint ses succès de sympathie habituels. A Dallet notamment, il avait tellement su se faire aimer de la jeunesse que les dimanches il allait se promener, après Vêpres, avec la plupart des jeunes gens de la commune, qui, attirés par sa belle humeur et retenus par sa conversation, en oubliaient le cabaret. Ils revenaient de ces excursions en compagnie de leur aimable vicaire, qui les menait à l'église dire un petit bonsoir au bon Dieu ; après quoi on se séparait en se donnant rendez-vous pour le dimanche suivant.

Note de l'auteur.

1201, unie au monastère de Saint-André, de Clermont, à la suite de la résignation qu'en fit à ce monastère un ancien curé de Merdogne ; que le couvent de Saint-André, qui en a eu la nomination jusqu'en 1789, envoyait un de ses religieux pour la desservir ; que le patron de la paroisse était, avant 1789, et est encore saint Jean-Baptiste, etc..., etc...

Mais je doute que la prolongation de ces détails soit de nature à faire palpiter le lecteur, qui peut en savoir autant que moi en allant à la bibliothèque de Clermont feuilleter, soit le *Dictionnaire historique du Puy-de-Dôme* de M. Ambroise Tardieu, soit les *Mémoires sur Gergovia* de MM. Aigueperse, Vial, Olleris et Mathieu.

Il me suffit d'avoir prouvé que l'origine de Merdogne ne provient pas d'un sobriquet imaginé par un rival de M. Margue dans un moment de mauvaise humeur.

Voilà pour le mot ; voyons maintenant la chose.

Elle est aussi pittoresque que le mot est... prosaïque.

Qu'on se représente un joli petit village d'environ 400 habitants, adossé au versant sud-est du plateau de Gergovia, qu'illustra Vercingétorix.

La vigne et les céréales, qu'on cultive avec succès sur ces flancs pourtant si escarpés, expliquent l'air de bien-être que respirent les habitations.

Le sol d'Auvergne est si fertile que, même à ces hauteurs, il enrichit ceux qui le cultivent.

Aussi l'aspect général de Merdogne est-il surtout riant et donne plutôt l'idée d'un treillis tapissé de vigne ou de lierre que d'un nid d'aigle.

L'aigle, c'était bon autrefois, quand César vint éprouver la force du bras arverne ; de nos jours on est plus pratique et on recueille le blé et le vin, qui font vivre, au même endroit où jadis on ne cherchait qu'à donner la mort. Le glaive gaulois s'est transformé en soc de charrue.

Il est vrai qu'il s'agissait alors de l'indépendance de la patrie ; Vercingétorix défendait son pays contre l'envahisseur. L'Arverne avait cette passion fort légitime de la terre natale qu'a conservée l'Auvergnat : aujourd'hui comme alors, il ne ferait pas bon venir lui disputer son champ, cette terre qu'il entoure d'un soin quasi filial.

Mais ce n'était ni aux pampres ni aux épis des habitants de Merdogne qu'en voulait M. l'abbé Olivier quand, le 16 avril 1853, il fut installé en qualité de desservant ; c'était à leurs cœurs, à leurs âmes.

Ce genre de conquête est souvent certes plus difficile que l'autre : on ne conquiert pas l'estime et l'affection comme on s'empare d'une province.

Mais l'abbé Olivier était dans sa partie un capitaine encore plus émérite que César dans la sienne.

Un mois ne s'était pas écoulé depuis sa prise de possession que déjà on ne l'appelait plus que le *Père* Olivier.

Ce mot disait tout et disait vrai.

Jamais père n'eut pour ses enfants plus de tendresse et de dévouement que l'abbé Olivier pour ses paroissiens.

La prospérité de Merdogne n'était pas à cette époque ce qu'elle est de nos jours : on n'arrive pas du premier coup à défricher un flanc de montagne comme celui-là.

L'aisance était donc loin de régner quand l'abbé Olivier arriva à Merdogne : des incendies successifs, attribués à la malveillance, vinrent encore compliquer la situation précaire de quelques-uns des habitants.

L'abbé Olivier donna jusqu'à son dernier sou ; sa bourse était d'ailleurs modeste, et il eut vite fait d'en voir le fond ; mais quand elle fut vidée, il eut recours à ses amis de Clermont, de Chanonat, de Dallet, de Cournon : aucune démarche ne lui coûtait quand il s'agissait de ses paroissiens.

On comprend que de ce train-là il fut bientôt maître des cœurs ; c'était au tour des âmes.

CHAPITRE DEUXIÈME.
Le siège de Merdogne.

CE siège-là fut incontestablement moins sanglant que celui de Gergovia par César, mais les difficultés qu'il présentait ne laissaient pas d'être nombreuses.

Sans doute, là comme dans tout le reste de l'Auvergne, la foi était restée profonde : ces populations laborieuses sont en même temps des populations croyantes.

Mais la foi est plus ou moins vive, plus ou moins agissante, et je dois confesser que celle des paroissiens du P. Olivier, au début de son apostolat, sommeillait profondément.

C'était un défrichement à entreprendre, comme naguère celui du sol sur lequel avait grandi Merdogne ; le P. Olivier s'y mit résolûment.

J'ai dit que ses bienfaits lui avaient déjà rallié tous

les cœurs ; maître du chemin qui conduit à l'âme, il redoubla de bonté et d'habileté aussi.

Au commencement, on venait peu à l'église, — je parle surtout des hommes.

Le P. Olivier, qui avait la parole facile, le débit agréable, attira bientôt de nombreux auditeurs autour de sa chaire : « On n'était pas habitué à entendre un curé prêcher comme ça. »

Ses sermons étaient, à vrai dire, des entretiens ; il conversait avec ses paroissiens plutôt qu'il ne semblait les catéchiser.

Cette prédication du dimanche, il la continuait, pendant la semaine, dans les champs ; son bréviaire sous le bras, il allait, tantôt vers l'un, tantôt vers l'autre, tenant compagnie à celui-ci pendant qu'il labourait, à celui-là pendant qu'il cultivait sa vigne, et la conversation, quoique engagée sur un ton familier, poursuivie sur un ton badin, entremêlée de plaisanteries et de bons mots, se terminait presque toujours par une conclusion dont on devine le sens.

Allons ! disait le P. Olivier, tu viendras ce soir me trouver à la cure.

Car le P. Olivier avait contracté, dès la seconde année de son séjour à Merdogne, l'habitude de tutoyer tous ses paroissiens, hommes et femmes, qui n'y trouvaient pas à redire, je vous prie de le croire.

Comme, un jour, un des vicaires-généraux de Monseigneur lui en faisait doucement le reproche,

— Eh ! Monsieur le grand-vicaire, s'écria le Père Olivier, mes paroissiens sont mes enfants ! Est-ce qu'un père ne tutoie pas ses enfants ?

Somme toute, les rendez-vous du soir à la cure devinrent de plus en plus nombreux, et bientôt tous les hommes de la paroisse y eurent passé.

Le P. Olivier, vainqueur, était dans la place : sa paroisse était aussi édifiante qu'une communauté religieuse.

Les curés voisins en devenaient jaloux.

Le P. Olivier ne négligeait du reste aucun moyen pour rendre sa victoire durable : dans l'église réparée et agrandie, les cérémonies revêtaient un caractère inusité à la campagne.

On ne se lassait pas de venir admirer les décorations un peu théâtrales, mais d'un effet immanquable, dont il ornait l'intérieur du temple saint.

Ses mois de Marie étaient renommés, et on y accourait de toutes les paroisses environnantes.

— Notre bon curé ! disaient les paroissiens.

— Mes excellents paroissiens ! disait le curé.

Il était fier d'eux, et ils avaient raison d'être fiers de lui.

CHAPITRE TROISIÈME.
Un presbytère comme on en voit peu.

DING ! ding !...

Aucun bruit ne répond au coup de sonnette.

— Ding ! ding !...

N'y aurait-il personne ?

— Ding ! ding !...

On entend enfin des sabots qui se dirigent du côté de la porte.

— Bonjour, Miette !

— Bonjour, messieurs !

Là-dessus Miette nous toise rapidement des pieds à la tête ; c'est qu'elle ouvre tant de fois la porte depuis le matin jusqu'au soir, cette pauvre Miette, pour introduire à la cure des visiteurs appartenant en majorité à l'espèce des solliciteurs, qu'elle a fini par devenir soupçonneuse !

Si M. le curé n'avait pas Miette pour le défendre lui-même contre sa générosité incurable, il ferait maigre plus souvent que ne l'exigent les commandements de l'Église. Il n'est pas jusqu'au linge de M. le curé que Miette ne soit obligée de mettre sous clef : elle ne le lui délivre qu'au fur et à mesure de ses besoins, et encore parfois il parvient à la tricher.

Le samedi, par exemple, elle lui octroie une chemise, une paire de bas, un mouchoir de poche. Et d'aventure que découvre-t-elle le lendemain ? C'est qu'en dépit des précautions de M. le curé, la soutane dissimule imparfaitement un col de chemise qui n'est pas blanc.

M. le curé avait seulement besoin de changer de chemise ; il a rencontré quelqu'un qui, lui, n'avait pas de chemise du tout : pouvait-il hésiter ?

Ainsi des bas et même du mouchoir.

Étonnez-vous après cela que Miette fasse bonne garde !

Si M. le curé n'a rien à se mettre sur le dos, ni sous la dent, est-ce que Miette devra prendre une besace pour aller demander l'aumône ?

Mais Miette s'est bien vite convaincue que nous n'appartenons pas à l'espèce qu'elle redoute.

Et puis, nous entendons déjà dans l'intérieur du

presbytère un pas qui se hâte vers la porte : c'est le P. Olivier lui-même, mis en éveil par le premier coup de sonnette ; il se méfie des excès de zèle de Miette et court prêter main forte contre sa gouvernante aux envahisseurs, quels qu'ils soient.

— C'est vous ? Ah ! quel bonheur !

— Oui, c'est nous, Père Olivier !

— Entrez donc, mes pauvres amis !... Miette, des biscuits, du vin de paille (1), ces pauvres amis ont pris chaud pour venir et ont besoin de se rafraîchir ! Miette, vite, vite !

Les sabots de Miette battent la générale sur les dalles de la salle à manger ; elle s'estime trop heureuse d'en être quitte pour des visiteurs qui n'en veulent qu'à la cave de son curé.

Pendant ce temps, le P. Olivier nous serre les mains avec son effusion habituelle ; ses yeux pétillent de joie. « Bons amis ! pauvres amis ! que je suis heureux de vous voir ! que je vous suis reconnaissant d'avoir pensé au vieux curé de Merdogne ! »

Mais déjà les biscuits sont dressés en pyramide sur la table, flanqués d'une bouteille de vin de paille !

— Allons ! un biscuit !... un doigt de vin de paille !

— Las ! las ! monsieur le curé, le verre va déborder !

— Hé ! pauvres amis, la course a été longue de Clermont ici ; il faut bien vous *refaire* un peu !

— A votre santé, Père Olivier !

— A la vôtre, mes amis, de tout mon cœur !

— Excellent, Père Olivier, votre vin de paille !

---

(1) Le vin de paille est une des gourmandises d'Auvergne. Il s'obtient de raisins blancs qu'on a préalablement laissés dessécher sur la paille ; d'où son nom. Il est liquoreux, fort agréable au palais, et peut rivaliser avec les vins du même genre qu'on fait dans le Jura.   *Note de l'auteur.*

— Il demanderait à vieillir un peu, mais je ne lui en laisse pas le temps.

— On vient trop souvent le déranger !

— Pas autant que je le voudrais. Encore une goutte ?

— Non, merci, pas maintenant.

— Eh bien, voulez-vous venir dire un petit bonjour à l'église ?

— Avec plaisir.

« .... On trouve quelquefois des portes carrées, ter-
» minées par un tympan aigu : par exemple, la porte
» sud de l'église de Merdogne, dont l'ouverture carrée
» est terminée par un linteau triangulaire sur lequel
» viennent s'ajuster des triangles alternes, en poterie
» fine et en gré ; le tout est couronné par une moulure
» à billette. Cet ornement, d'un emploi général en
» Auvergne, paraît appartenir aux constructions des
» VIe et VIIe siècles... »

De peur d'être accusé de pédantisme, je m'empresse de déclarer que ces lignes, consacrées à l'église de Merdogne, sont extraites du *Cours élémentaire d'archéologie sacrée*, par A. Mallay. (Clermont, 1844.)

Je citerai même la page : page 66.

Comme cela, on ne me reprochera pas de jouer au savant pour mon compte personnel.

Par contre, j'entends le lecteur, qui devient de plus en plus exigeant, m'apostropher comme suit :

— Ah ! ça, que nous chantez-vous là ? Vous intitulez votre chapitre : *Un presbytère comme on en voit peu*, et vous vous noyez dans des détails d'architecture relatifs à l'église, quand ce n'est pas dans le vin de paille du curé ! Vous nous avez promis de parler du presbytère, revenez au presbytère !

— Mais j'y suis !

— Comment cela ?

— Le presbytère et l'église de Merdogne ne font qu'un.

— Vous raillez ?

— Point.

Le presbytère de Merdogne occupe en effet les combles de l'église. Quand on éleva cette dernière, la paroisse n'était pas riche, et, ma foi ! on fit d'une pierre deux coups.

J'ignore si ce cumul est bien conforme aux prescriptions canoniques ; ce que je n'ignore pas, c'est qu'il existe.

Au rez-de-chaussée, la maison de Dieu ; au premier, celle du curé ; un janséniste s'en offusquerait, s'il y avait encore des jansénistes ; les catholiques de Merdogne trouvent cette cohabitation toute naturelle.

Quand ils viennent prier Dieu à l'église, ils n'ont que quelques marches à gravir pour aller ensuite s'entretenir avec son ministre ou réciproquement.

Est-il besoin de dire que le Père Olivier était tout le premier enchanté de cette disposition qui réalisait un de ses rêves : — celui de rester à l'église le plus longtemps possible ; de cette façon, il ne la quittait pour ainsi dire jamais.

Sa chambre à coucher occupait — et occupe encore — une partie du clocher : une fois dans son lit, il avait donc presque immédiatement au-dessus de sa tête la cloche, dont la corde passait au pied de la couchette, qu'elle frôlait.

De prime-abord le Père Olivier s'applaudissait de ce voisinage ; les premiers tintements de l'*Angelus* l'éveillaient, il sautait à bas de son lit, faisait sa prière, sa toilette, et allait dire la messe.

Mais on s'habitue à tout.

Le P. Olivier, qui avait le sommeil tenace, s'habitua même à entendre sonner l'*Angelus* au-dessus de sa tête sans se réveiller.

C'est qu'aussi l'*Angelus* résonne de bonne heure en Auvergne, surtout dans la belle saison ; c'est ordinairement à 5 heures, souvent à 4 heures et demie, parfois à 4 heures.

L'*Angelus* avait beau être sonore, le P. Olivier continuait à dormir.

Il en était véhémentement marri et humilié.

Et comme il n'avait ni assez d'aptitudes pour les sciences mécaniques, ni assez d'imagination pour renouveler les merveilleuses variétés de réveille-matin inventées par ce moine dormeur dont Louis Veuillot parle d'une façon si ravissante dans ses *Pèlerinages de Suisse*, le P. Olivier s'avisa d'un moyen plus primitif et plus à sa portée.

Ce moyen était le suivant :

Puisque la cloche était devenue impuissante à l'arracher au sommeil, il attacherait, à la corde passant au pied de son lit, une ficelle qui irait se fixer solidement à la cheville d'une de ses jambes ; de cette manière, quand le sonneur mettrait la cloche en branle, la corde, en opérant son mouvement de bas en haut, ferait tendre la ficelle, qui elle-même tirerait le dormeur par le pied.

Dès le lendemain du jour où le P. Olivier eut imaginé ce remède contre le sommeil, il mit son projet à exécution : après s'être lié fortement la cheville droite à

l'aide d'une ficelle reliée à la corde de la cloche, il s'endormit du sommeil du juste....

... L'aube naissait à peine : soudain le P. Olivier est réveillé par une violente secousse, suivie de plusieurs autres.

Il lui semble qu'on tire sa jambe droite à l'en désarticuler.

Il appelle au secours ; les sons de la cloche couvrent sa voix.

— Arrêtez ! arrêtez !....

Ah ! bien oui !

Il essaye, sans pouvoir y parvenir, de se mettre sur son séant pour recouvrer la liberté de sa jambe ; la ficelle tient bon et suit docilement les allées et venues du grelin principal.

Le P. Olivier avait économisé — une fois n'est pas coutume — la ficelle, et ne lui avait pas laissé assez de jeu.

Il fut ainsi secoué consciencieusement jusqu'à la fin de la sonnerie.

« Ah ! disait le bon curé en racontant quelques jours plus tard sa mésaventure à un confrère, jamais l'*Angelus* ne m'a tant duré que ce matin-là ! »

Dans cette même chambre, (que je ne pensais pas devoir décrire plus tard quand je la visitai pour la première fois, il y a une dizaine d'années,) on pouvait remarquer, disposés avec symétrie au-dessus de la cheminée, un grand nombre de photographies et de daguerréotypes.

C'étaient les portraits de quelques-uns des nombreux amis du P. Olivier. Au-dessous de chaque portrait, il plaçait sans hésiter un nom, et même un petit bouquet

de fleurs le jour de la fête de chacun, tant les souvenirs d'amitié étaient restés présents à sa mémoire.

La chambre du P. Olivier ? mais c'était tour à tour
un confessionnal, un lieu de réunions joyeuses, un cabinet de consultations pour le corps et pour l'âme, un
bureau de bienfaisance.

Tous les dimanches soir, elle recevait les jeunes
gens de la paroisse, qui venaient y passer la veillée ;
le P. Olivier savait varier les programmes : les récits
succédaient aux jeux, personne ne s'ennuyait, tout le
monde était content, à commencer par le bon curé qui,
in petto, adressait un pied-de-nez au cabaret et à la
danse.

Pendant la semaine, hiver comme été, mais principalement l'hiver, cinq ou six des meilleurs paroissiens
de Merdogne venaient *tous les soirs* causer avec le P.
Olivier ou faire une partie de dominos, — jamais de
cartes.

Le P. Olivier apprenait par eux les nouvelles du village, les besoins des pauvres, etc... et profitait de ces
renseignements pour le bien de son petit troupeau,
c'est-à-dire pour donner un conseil à celui-ci, pour ai-
der ou consoler celui-là.

Il appelait ces braves gens « ses vicaires ».

Parmi eux était un jeune homme qui, ayant, un soir,
préféré la société de quelques amis de son âge à celle
de son curé, n'osait plus revenir au presbytère.

Toutefois, au bout d'un certain temps, prenant son
courage à deux mains, il vint frapper à la porte du P.
Olivier pour obtenir son pardon ; mais à peine était-il
entré qu'il fut pris d'un tremblement convulsif et qu'il
s'affaissa en pleurant à chaudes larmes, — tant étaient

grandes l'autorité et l'influence du P. Olivier, et tant était profonde l'affection que lui avaient vouée ses paroissiens.

Parfois, quand « ses vicaires » tardaient trop à venir, le bon curé, inquiet, se mettait à la fenêtre et regardait dans toutes les directions ; lorsqu'il apercevait un de ses amis prenant le chemin du presbytère, aussitôt son visage se rassérénait, une larme de plaisir mouillait sa joue : « Ces pauvres enfants ! disait-il ; malgré la fatigue d'une pénible journée, ils savent prendre sur leur repos une heure pour venir voir leur vieux curé et lui procurer une agréable distraction ! »

Quand il revenait de Clermont ou de Billom après quelques jours d'absence, on allait à sa rencontre ; on attelait une paire de vaches à un char rustique, qu'on bourrait de sacs de foin pour le rendre moins dur, on jetait par dessus une modeste tente faite d'un drap de lit, on l'ornait de fleurs et de branches d'arbres, et le P. Olivier faisait son entrée à Merdogne comme autrefois nos bons vieux rois à Lutèce, et les soirées du presbytère reprenaient leur cours habituel.

Avais-je tort de dire en commençant que le presbytère de Merdogne était un presbytère comme on en voit peu ?

CHAPITRE QUATRIÈME.
Guerre à la danse.

QU'on me dise pourquoi la danse est en faveur aussi bien dans les pays chauds que dans les pays froids ! Dans les pays froids, je comprends à la rigueur l'usage de la danse, comme exercice calorifique ; mais dans les pays chauds ?

Le résultat le plus clair de la danse, — pour moi, profane, qui ne l'ai jamais envisagée que comme une nécessité mondaine, — se résume prosaïquement en une sueur abondante.

Or, il n'y a pas à dire le contraire, plus on se rapproche de l'Équateur, plus les populations aiment la danse. Connaît-on de plus enragés danseurs que les nègres ?

En France même, ne danse-t-on pas encore plus dans le Midi que dans le Nord ?

Cette anomalie ne peut s'expliquer que par l'ardeur des passions, plus exubérantes dans les contrées brûlées par le soleil que dans celles hantées par la neige.

Mais en ce cas, l'explication donne absolument raison au P. Olivier, qui considérait la danse comme un grave danger pour les mœurs et qui disait d'elle ce qu'on a dit d'une autre passion, — le jeu, — qu'elle mène à tout.

Je ne suis pas assez grand clerc pour décider si le P. Olivier exagérait ou non ; mais on conviendra que, s'il parlait ainsi, c'est qu'il avait de sérieux motifs pour cela.

Donc il entra en guerre contre la danse, et ce n'était pas une mince besogne.

En effet, quoique Merdogne fût passablement éloigné de la patrie de la *bamboula*, on avait coutume d'y danser à peu près tous les dimanches, — sans compter les occasions qui surgissaient (ou qu'on faisait surgir) pendant la semaine.

La salle de danse ne coûtait rien de location : elle était fournie par un terrain communal sis entre le village et le sommet du plateau de Gergovie ; une herbe fine tenait lieu de tapis ; les quinquets classiques et fumeux étaient avantageusement remplacés le jour par le soleil, le soir par la lune.

Le P. Olivier apercevait tout cela d'une fenêtre de son presbytère ; la danse, sa vieille ennemie, le narguait, le narguait !....

Si encore on se fût contenté de la *bourrée*, cette danse à la fois si originale et si pudique, si gracieuse et si patriarcale ! Mais non : polkas, schottischs, quadrilles, valses même, avaient, les effrontés ! détrôné la vieille danse auvergnate.

Le P. Olivier réfléchit, combina son plan de bataille, ourdit des ruses savantes : avec les filles, disait-il, rien à faire ; elles sont incapables de résister au premier arpège égrené par le violon du premier ménétrier venu ; mais avec les garçons ?....

Un malin sourire fit pétiller les yeux du digne curé : il tenait sa vengeance !

Le dimanche suivant furent inaugurées les réunions au presbytère dont il a été parlé dans le chapitre précédent, réunions peu nombreuses d'abord, puis bientôt plus compactes.

Plus la chambre du curé s'emplissait, plus, là-haut, sur l'aire servant de salle de danse, les rangs s'éclaircissaient.

Un beau dimanche, les filles seules se trouvèrent face à face, sans l'ombre d'un cavalier.

Prises de honte, elles coururent cacher leur déconvenue dans leurs gîtes respectifs, pendant que le P. Olivier triomphait.

La victoire lui coûta bien quelques bouteilles de vin et quelques paquets de cigares, mais qu'était cela ? Il eût de bon cœur dévalisé le bureau de tabac et mis sa cave à sec pour empêcher de danser dans sa paroisse.

Donc l'ennemie était vaincue....

L'était-elle tant que cela ?

Les dimanches ordinaires, la jeunesse paraissait ne plus penser à sa distraction favorite d'autrefois ; mais les jours de fête, et surtout lors de la fête patronale, il semblait qu'elle éprouvât des démangeaisons dans les jambes.

Le P. Olivier était obligé de réserver pour ce jour-là ses meilleures histoires et ses plus vieilles bouteilles : il proportionnait le remède à l'intensité du mal.

Comment se fit-il donc que certaine année, jour de fête patronale, il entendit, après dîner, quelques instants avant les vêpres, une vielle qui, de là-haut, — de l'endroit maudit ! — faisait pleuvoir sur le presbytère une grêle de notes aigres et narquoises ?

Le P. Olivier regarda et vit des jupons aux couleurs éclatantes emportés dans un tourbillon rapide par des jeunes gens endimanchés !...

De grosses larmes roulèrent le long de ses joues : cette ingratitude le navrait.

Il se jeta à genoux aux pieds de son crucifix en s'é-criant : « Mon Dieu ! mon Dieu !.... je vous demandais cette grâce depuis longtemps ! Vous me l'aviez accor-dée, et voilà que vous me la reprenez ! ! ! Puisqu'il en est ainsi, je veux m'en aller ! »

Là-dessus le P. Olivier se met à son bureau, écrit quelques lignes ; puis, comme la cloche sonnait le der-nier coup de vêpres, il endosse son surplis et descend à l'église.

Une fois les vêpres chantées et la bénédiction du Saint-Sacrement donnée, le P. Olivier monte en chaire. Chacun comprend qu'il se passe quelque chose d'inso-lite et reste à son banc.

« Mes frères.... » commence le P. Olivier ; mais les sanglots étouffent sa voix ; l'assistance, haletante, se demande quel malheur vient d'arriver à l'excellent pasteur.

« Mes frères, reprend le P. Olivier, vous m'aviez promis qu'on ne danserait plus à Merdogne ; je comp-tais sur votre promesse, j'avais le droit d'y compter.... Cette promesse n'a pas été tenue... On danse en ce moment pis que jamais... On offense le bon Dieu et on se moque de moi... Je ne veux plus rester ici... Je viens d'écrire à Monseigneur pour demander mon change-ment et je vous fais mes adieux... »

Une stupeur générale accueillit ces paroles ; puis soudain, oubliant la sainteté du lieu, l'auditoire se pré-cipite autour de la chaire : « Non ! pauvre monsieur le curé, vous ne partirez pas ! » crient les femmes.

« Monsieur le curé, ne vous en allez pas ! » disent les hommes.

« S'il faut tuer nos enfants, nous les tuerons ! »

clame une mère de famille (1), « mais vous ne quitterez pas Merdogne. »

« Nous allons vous les envoyer ! » répètent plusieurs voix.

En un clin d'œil l'église est déserte et la bonne moitié de l'assistance escalade en courant la colline qui conduit à la « salle de danse ».

La vielle se tait, la danse s'interrompt et, quelques instants après, les parents, chassant devant eux les groupes de danseurs de tout à l'heure, reprennent le chemin de la cure.

La scène qui suivit au presbytère fut inénarrable : les danseuses à genoux, les jeunes gens la tête basse, imploraient leur pardon.

Et les adjurations recommençaient : « Monsieur le curé, vous ne partirez pas !... Pauvre père, ne nous quittez pas ! .... »

Le P. Olivier, dont les larmes ne tarissaient plus, — larmes de joie maintenant, — déchira devant tous la lettre qu'il avait écrite pour demander son changement.

« Vous le voyez, mes amis, leur dit-il, il y a plus de joie pour un pécheur qui se convertit que pour 99 justes qui persévèrent... Mais j'aime encore mieux que vous n'ayez pas à vous convertir et que vous persévériez. Me le promettez-vous ? »

— « Nous le promettons ! » répondirent les récidivistes.

Cette fois, la promesse fut religieusement tenue jusqu'à la mort du P. Olivier.

---

(1) Textuel.

CHAPITRE CINQUIÈME.
Le premier jour de l'an à Merdogne.

CHAQUE année, vers la fin du mois de décembre, on voyait arriver à la cure de Merdogne des paquets soigneusement enveloppés et ficelés. Le P. Olivier lui-même, qui ne manquait jamais d'aller à Clermont à cette époque, en revenait chargé de toutes sortes de petits colis.

On chuchotait dans la paroisse d'un air d'intelligence, et le 1er janvier, tout de suite après la messe, les députations se succédaient au presbytère.

La marche était ouverte par les hommes les plus âgés de Merdogne — la vieille garde, comme les appelait le P. Olivier — qui venaient souhaiter la bonne année à leur curé. On s'embrassait et chacun recevait du P. Olivier, qui une tabatière, qui une pipe, qui un paquet de tabac, qui une paire de lunettes.

Après les vieillards défilaient à tour de rôle les pères de famille, les jeunes gens ; puis les grand'mères, les mamans, les jeunes filles et enfin les enfants.

Tout ce monde-là emportait son cadeau du presbytère.

Pour celui-ci, c'était un paquet de cigares, pour celle-là un fichu ; pour celui-là une casquette, pour l'autre un chapelet ; tantôt c'était un ruban, tantôt un livre de messe, suivant les goûts et les besoins de chacun.

Des jouets étaient distribués aux enfants.

En un mot, personne, — vous entendez bien, lecteur ? — personne n'était oublié.

Ces largesses coûtaient, bon an, mal an, au P. Olivier quelque chose comme 300 francs ; mais elles lui procuraient du bonheur pour bien plus que cela.

Où prenait-il cet argent ?... Assurément pas sur ses économies, puisqu'il n'avait jamais su ce que c'était ; il le prélevait sur son nécessaire, et la charité de ses bons amis de Clermont faisait le reste.

Il était un autre cadeau que le P. Olivier eût bien voulu faire à ses ouailles.

La paroisse de Merdogne étant une simple chapelle vicariale, le traitement du P. Olivier était payé par les habitants, qui affectaient à cet usage le produit du four banal.

Le P. Olivier soupirait après le jour où, la chapelle vicariale étant érigée en succursale, la population serait exonérée de la dépense qui grevait son budget.

Une circonstance exceptionnellement favorable devait bientôt se présenter et permettre au P. Olivier de transformer ce désir en réalité.

CHAPITRE SIXIÈME.
Napoléon III à Gergovie.

AU commencement de l'année 1862, le bruit courut que Napoléon III se proposait de faire un voyage en Auvergne ; le prétexte officiel était le désir du souverain de visiter le plateau de Gergovie défendu contre César par Vercingétorix, afin de recueillir sur les lieux témoins de cet exploit des renseignements topographiques en vue de la *Vie de César* à laquelle, disait-on, Napoléon III mettait la dernière main.

Ce bruit prit bientôt de la consistance et devint enfin une certitude : la date du voyage fut fixée au mois de juillet.

Pour monter à Gergovie ou pour en descendre, le cortège officiel devait forcément passer par Merdogne ; le P. Olivier n'en douta pas un seul instant et dressa ses batteries en conséquence.

Le bon curé ne s'occupait guère de politique, et si on lui eût demandé quelles étaient ses opinions, il eût été bien embarrassé pour répondre.

Dans la venue de l'empereur, il voyait une occasion d'obtenir pour sa paroisse la faveur d'être érigée en succursale, rien de plus.

Le voyage impérial eut lieu à l'époque indiquée : je n'ai pas l'intention d'en faire ici l'historique.

L'Empire était alors à l'apogée de sa puissance ; tout lui souriait, les populations comme le reste.

L'accueil que Napoléon III trouva en Auvergne fut donc ce qu'il était partout à cette époque ; il eut même quelque chose de plus particulier qu'ailleurs, en ce sens que le souverain était accompagné de MM. de Morny et Rouher ; l'Auvergne était toute fière de saluer du même coup deux enfants du pays parvenus aux plus hautes situations.

Les bals, les dîners, les harangues, les arcs de triomphe, les salves d'artillerie firent les frais principaux et habituels du programme. Mais ce programme, si officiel qu'il fût, n'en comporta pas moins quelques exceptions, pour ne pas dire des accrocs dont l'originalité désarma la critique.

C'est ainsi qu'à Beaumont, grosse commune voisine

de Clermont, Napoléon III fut reçu à l'entrée du bourg par le maire, qui lui tint à peu près ce langage : « Sire, nous voudrions vous offrir les clefs de notre ville, mais elle n'en a pas ; les clefs de nos cœurs, vous les avez ; les clefs de nos caves, les voilà. »

Il faut savoir que Beaumont récolte beaucoup de vin et que ses caves, comme celles de plusieurs communes voisines, représentent un des principaux éléments de la fortune du pays.

L'empereur sourit à l'audition de cette boutade.

Enhardi par ce sourire, le maire se rapprocha de Napoléon III, et, tenant à la main une tasse d'argent pleine de vin : « Sire, dit-il, veuillez goûter ce vin.... Comment le trouvez-vous ? »

« — Très bon ! » répondit Napoléon III après en avoir goûté.

De mauvaises langues — il y en a partout — prétendent qu'alors le maire, oubliant les règles de la courtisanerie pour n'obéir qu'à une orgueilleuse inspiration de terroir, ajouta : « Eh bien ! nous en avons encore du meilleur ; » — à quoi l'empereur aurait riposté : « Vous le réservez sans doute pour une meilleure occasion ? »

Mais c'est là un point d'histoire qui demanderait à être éclairci ; je ne me charge pas, pour mon compte, de le tirer au clair. J'aime mieux précéder Napoléon III sur le plateau de Gergovie, afin d'en donner une courte description avant l'arrivée du souverain et de sa suite.

Là existait jadis, à 774 mètres au-dessus du niveau de la mer, la ville de Gergovie, capitale des Arvernes. Le lieu était admirablement choisi au point de vue stratégique ; à découvert de tous côtés, et par conséquent à l'abri d'une surprise, le plateau de Gergovie était défendu par l'escarpement naturel qui l'entoure et dont une enceinte de remparts augmentait l'inaccessibilité.

César, dans ses *Commentaires,* parle à diverses reprises de ce qu'il appelle *Iniquitas loci ;* ce qu'on pourrait traduire par : un lieu ingrat ou difficile.

Sans doute c'est de sa part une précaution oratoire pour atténuer la défaite qu'il éprouva en cet endroit ; mais en dehors même de cette exagération calculée, il faut reconnaître que la situation de Gergovie offrait de puissants avantages à ses défenseurs. Ajoutons qu'ils surent en profiter avec une adresse que secondait une mâle énergie.

Du récit laissé par César il appert en effet, clair comme le jour, que le général romain fut battu à plate couture, et quand lui-même convient d'une perte de 700 hommes, on peut hardiment avancer que le chiffre de ses morts atteignit le double, sinon même le triple.

Le grand conquérant romain a beau multiplier les réticences et attribuer l'échec de ses légions plutôt à un manque d'obéissance à ses ordres qu'à la valeur de l'ennemi, il n'en est pas moins vrai qu'il essuya à Gergovie une des rares défaites qu'il est obligé d'avouer dans ses *Commentaires,* et qu'en fin de compte il leva le siège.

Vercingétorix était vainqueur ; bientôt, hélas ! il devait être moins heureux sur un autre point du territoire et expier cruellement l'affront infligé par lui à un adversaire qui ne pardonnait guère d'avoir été vaincu.

Aujourd'hui la ville que Vercingétorix immortalisa par son héroïsme n'est plus.

De l'antique cité il ne reste que la trace des rues, dont le pavage a résisté à la dent du temps, et qui servent de chemins de communication sur ce vaste plateau.

Le paysan industrieux et tenace a disputé aux innombrables pierres résultant de la destruction de la ville, un terrain assez pauvre, mais encore suffisant pour produire du blé. La charrue remue pacifiquement le sol bouleversé autrefois par un tressaillement patriotique, — *Campos ubi Gergovia fuit*, — et si son soc ne met pas au jour, comme celui du laboureur de Virgile, des ossements gigantesques qui font penser aux Titans,

Grandiaque effossis mirabitur ossa sepulcris,

il se heurte parfois à des poteries gallo-romaines, derniers vestiges d'un passé glorieux.

Donc la Gergovia de Vercingétorix a disparu ; mais ce que les siècles n'ont pu détruire, c'est l'incomparable beauté du coup d'œil dont on jouit du haut du plateau.

La vue s'étend aussi loin que l'œil peut distinguer.

Ici, on aperçoit les monts Dore et les monts Dôme, qui forment à l'horizon comme les gradins colossaux d'un cirque grandiose ; là des villages accrochés aux flancs des côteaux ou plantés audacieusement sur les sommets : Le Crest, Monton, Orcet, etc...

D'un côté c'est la Limagne, qui s'offre aux regards dans sa plantureuse fécondité ; de l'autre c'est Clermont, avec les clochers de ses églises et les mille toits de ses maisons.

Voyez-vous, là-bas, cette rivière qui promène lentement ses eaux ? C'est l'Allier. Ce panache de fumée ? C'est celui de la locomotive du train à destination de Nîmes.

L'ensemble est enchanteur : on éprouve à le contempler cette mélancolie douce qui vous étreint en présence des grands spectacles de la nature, et à laquelle on s'arrache à regret.

C'est en face de ce panorama splendide que Napoléon III déjeûna le 9 juillet 1862, après avoir rapidement inspecté le plateau.

Au surplus, je laisse ici la parole à un journal officieux de l'époque.

Voici en quels termes le *Moniteur du Puy-de-Dôme* du 28 juillet 1862 relatait la visite de l'Empereur à Gergovie, et la cérémonie qui eut lieu quelques jours après :

» Il y a quelques jours, une population immense se pressait au milieu des ruines célèbres de Gergovia et saluait avec enthousiasme l'illustre souverain qui gouverne la France.

» Sur le sol glorieux où nos ancêtres résistèrent au César romain, le César moderne venait chercher les traces du passé pour élucider de son esprit puissant les points obscurs de l'histoire d'autrefois.

» La même terre, à dix-neuf siècles d'intervalle, voyait deux hommes de génie, deux grands capitaines, deux fondateurs d'empire.

» Mais l'un, dévoré d'ambition, brisait avec l'épée de Vercingétorix le dernier obstacle à la conquête du monde ; il courbait les peuples sous les aigles romaines et proclamait le règne de la force matérielle.

» L'autre, mettant sa gloire dans la gloire de son empire, a fait des aigles françaises un marchepied au progrès du monde, et proclamé son affranchissement par la raison, le travail et la justice.

» L'empire romain a disparu, et la France d'aujourd'hui, honorée, forte et prospère, s'avance d'un pas sûr dans l'avenir.

» Hier, comme au jour où Napoléon III visitait l'emplacement de la vieille cité gauloise, une foule nombreuse se pressait sur le plateau de Gergovia, attirée par une touchante et patriotique cérémonie.

» À l'endroit où l'Empereur s'est assis lors de son voyage en Auvergne, une pierre commémorative, portant cette inscription, était placée, par les soins de M. Boutal, adjoint de la section de Merdogne :

« Le 9 juillet 1862, à midi
» Sa Majesté l'Empereur NAPOLÉON III
» après avoir visité le plateau de Gergovia
» s'est reposé à cette place. »

L'autre face de la pierre portait ces mots :

Cette pierre a été placée
par les soins des habitants de Merdogne
sous la direction de M. Boutal,
leur adjoint.

Depuis lors la pierre commémorative a été renversée, rétablie, puis renversée de nouveau ; elle gît aujourd'hui sur l'un des flancs du plateau. On a même essayé d'effacer à coups de marteau les inscriptions dont elle était revêtue.

A quoi rime ce vandalisme bête ? Et où les animosités politiques vont-elles se nicher ?

Si chaque régime qui campe en France assumait la tâche de démolir les monuments élevés par le régime qui l'a précédé, où cela nous mènerait-il ?

Mais revenons au récit de notre officieux :

. . . .

« M. le général de Chabron, accompagné de son aide-de-camp et de plusieurs officiers de la garnison de Clermont, assistait avec diverses personnes notables de notre ville à l'inauguration du modeste monument.

» La musique du 1er hussards, les pompiers de Merdogne portant des oriflammes et des drapeaux, ajoutaient à l'animation de cette fête patriotique.

» La pierre commémorative placée sur son socle, M. le général de Chabron a prononcé ces paroles :

« Sur le plateau de Gergovia où nous nous trouvons,
» il existait une cité gauloise. Quelques fragments épars
» sont les seuls vestiges de la grande ville, où, pour
» résister à l'invasion romaine, se retirèrent les Arver-
» nes, nos ancêtres. Vercingétorix les commandait.

» L'empereur Napoléon III, dans ses courts mo-
» ments de loisir, met la dernière main à un ouvrage
» sur la conquête des Gaules. Cette histoire jettera un
» nouveau jour sur les guerres de César.

» Dans son récent voyage en Auvergne, Sa Majesté
» a voulu reconnaître elle-même les positions où le géné-
» ral romain éprouva un échec qui fit un moment dou-
» ter de sa fortune.

» L'empereur est venu à Gergovia! Cette visite nous
» a inspiré la pensée d'en conserver le souvenir par un
» monument.

» Une pierre va s'élever sur ces ruines, à la place
» même où s'est reposé l'Empereur.

» Cette pierre commémorative deviendra un dolmen
» comme on en trouve encore quelques-uns en France,
» et comme il s'en trouve même en Auvergne.

» Ceux-là remontent à des temps si reculés que leur
» origine n'est venue que bien imparfaitement jusqu'à
» nous.

» Ce dolmen nouveau aura une signification.

» Il sera pour les habitants de nos montagnes le
» symbole de la grandeur de la France, de la civilisa-
» tion et du progrès.

» Depuis bientôt vingt siècles la légende de Gergo-
» via est venue jusqu'à nous. Pendant plus de vingt
» siècles les générations futures se transmettront de
» génération en génération le souvénir de la visite im-
» périale dont nous avons été les témoins, et que nous
» sommes heureux de fêter en ce jour, au milieu des
» populations empressées qui viennent encore une fois
» témoigner de leurs sympathies pour le souverain
» sous lequel la France prospère.

» En scellant cette pierre, répétons ce cri qui est
» dans tous nos cœurs : *Vive l'Empereur ! vive l'Impé-*
» *ratrice ! vive le Prince impérial !* »

» Ces mots mille fois repétés accueillent le discours
du brave général.

» M. Boutal à son tour prononce quelques paroles :

« Mes amis, dit-il, prions Dieu qu'il conserve long-
» temps à la France l'illustre souverain qui l'a faite
» si glorieuse et si prospère. »

» De nouveaux vivats répondent à ces paroles tou-
chantes où l'on sent vibrer un cœur réellement français.

» Après une marche exécutées par la musique des
hussards, et l'audition d'un hymne patriotique chanté
par les habitants de Merdogne, le cortège, toujours
suivi d'une nombreuse population, reprend le chemin
du village. »

C'est là que le P. Olivier attendait Napoléon III :
il avait dressé sa batterie sous forme de discours visant
droit au cœur, et comme il était bon pointeur, le brave
curé, le coup fit mouche.

La voiture portant Napoléon III s'était arrêtée sur
la place du village ; le P. Olivier s'avance un papier à
la main, plutôt pour la forme, car il avait répété plu-

sieurs fois en secret sa petite allocution et la savait sur le bout du doigt.

Le discours n'était pas long, mais bien tourné ; le P. Olivier le débita avec tant de talent que l'Empereur, surpris, se tournant vers M. Rouher, lui dit : « Je n'ai jamais vu de curé comme ça ! »

Quand le P. Olivier eut fini, il escalada la calèche et embrassa sans plus de façons Napoléon III.

Ce mot de la fin eut un succès décisif.

Napoléon III, qui certes ne péchait pas par excès de sensibilité, fut ému : il rendit au curé son accolade et, s'emparant du texte de son discours : « Je veux, dit-il, le montrer à l'Impératrice. »

C'est pour cette raison qu'il ne m'est pas possible de le consigner ici, le P. Olivier n'en ayant pas conservé le double.

Comme on le pense bien, la demande d'érection en succursale, que le discours contenait, était entre bonnes mains ; peu de jours après le P. Olivier reçut quelques lignes de la main même de l'Empereur lui annonçant que c'était chose faite.

L'honorable adjoint de la section de Merdogne, M. Boutal, qui a exercé ces fonctions de 1848 à 1884, avait demandé de son côté que le nom du village fût changé en celui plus euphonique de Gergovie.

— Comment s'appelle votre village ? avait demandé Napoléon III.

— Un nom pas bien propre, sire ! avait répondu le P. Olivier.

— Merdogne, sire ! avait finalement avoué M. Boutal.

La demande de ce dernier fut, elle aussi, accueillie

favorablement ; c'est depuis cette époque que Merdogne a troqué son nom contre celui de Gergovie.

La journée du 9 juillet 1862, si fertile en émotions, finit pour le P. Olivier par une dernière émotion moins agréable que les autres.

Quelque temps auparavant, il avait fait demander dans son pays natal des nouvelles d'une sœur à lui dont il avait été séparé dès son plus jeune âge, et dont il n'avait plus ouï parler depuis lors. En bonne Normande, la dite sœur lui avait fait répondre qu'avant tout elle voulait savoir dans quel but on s'enquérait d'elle.

Le P. Olivier n'avait pas eu le temps de revenir à la charge.

Or, il se trouva qu'un jeune homme, natif d'un village voisin de Dieppe, faisait partie de la musique du 1er hussards qui avait accompagné l'Empereur à Gergovie.

Le P. Olivier, enchanté de la rencontre, demanda au jeune musicien des nouvelles du pays ; mais quelle ne fut pas sa douleur en apprenant que sa sœur avait abjuré la religion catholique pour embrasser le protestantisme !

Ce fut la goutte de fiel qui empoisonna pour lui le souvenir de cette journée.

Pauvre Père Olivier !

CHAPITRE SEPTIÈME
Tout à tous.

ALLONS donc ! ce n'est pas possible !

— Je vous assure que si.

— Et moi je vous dis que non... Je suis du métier, que diable !

— Tant que vous voudrez... Mais, sans nier votre compétence, je n'en maintiens pas moins l'exactitude du fait.

— *Les crochets du père Martin*, que j'ai fait jouer hier ?

— *Les crochets du père Martin.*

— Au Pensionnat des Frères ?

— Au Pensionnat des Frères.

— Je n'y croirai que si je le vois de mes propres yeux.

— C'est bien facile : je vous y conduirai.

Ce dialogue animé s'échangeait au *Café de Paris*, à Clermont, entre le directeur du théâtre et un indigène, un mercredi de carnaval.

Le directeur prétendait — avec raison — qu'une pièce telle que celle qui a pour titre : *Les crochets du père Martin*, ne pouvait se jouer dans une maison d'éducation.

Le Clermontois ajoutait — avec non moins de raison — que ladite pièce devait être représentée pour la seconde fois, le lendemain, au Pensionnat dirigé par les Frères de la Doctrine chrétienne.

Ils n'avaient tort ni l'un ni l'autre, ainsi que le prouva l'évènement.

Le lendemain, en effet, le directeur du théâtre, piloté par le Clermontois, alla assister à la représentation offerte à leurs parents et amis par les élèves du Pensionnat des Frères : il n'en croyait ni ses yeux ni ses oreilles. Les acteurs, des jeunes gens, presque des enfants, étaient grimés avec un art consommé ; leur débit était juste, exempt à la fois d'exagération et de monotonie. Enfin, la pièce qu'ils représentaient était bien, au fond, celle qui s'appelait : *Les crochets du père Martin*.

Assurément elle avait été adaptée au milieu dans lequel vivaient acteurs et spectateurs, mais cette adaptation, supérieurement faite, ne pouvait avoir été accomplie que par un homme du métier.

Le directeur demandait à son voisin de gauche ;

— Qui donc a dirigé les répétitions de cette pièce ?

— Le Père Olivier ! lui répondait-on.

— Qui a arrangé cette pièce et grimé les acteurs ? demandait-il à son voisin de droite.

— Le P. Olivier.

Finalement il questionna un des professeurs :

— Quel homme est donc le P. Olivier ?

— C'est le curé de Gergovie, lui fut-il répondu.

Il ne connut le fin mot — c'est-à-dire le passé artistique du P. Olivier — qu'après la représentation, qui fut troublée, ou plutôt égayée, par un incident comique, du reste à la louange du talent des artistes improvisés et de leur répétiteur.

Il y avait dans la pièce un type de juif usurier (les deux font la paire) absolument odieux. Le jeune homme qui remplissait ce rôle s'en acquittait si consciencieu-

sement qu'à un moment donné, une maman, peu stylée mais sincère, se leva et, lui montrant le poing, s'écria :
— « Ah ! vieux chameau !... »

On voit d'ici le succès d'hilarité qu'obtint cette interruption.

Le P. Olivier était tout heureux des triomphes de ses « artistes » et suffisait difficilement à répondre aux sollicitations qui lui étaient adressées par les directeurs du petit-séminaire, du collège ecclésiastique de Billom, du pensionnat des Frères, etc., en vue des représentations traditionnellement usitées pendant le carnaval, à Pâques et à la fin de l'année scolaire.

Tout le monde voulait l'avoir en même temps ; il faisait de son mieux pour ne mécontenter personne, arrangeant un vaudeville pour Clermont, allant surveiller les répétitions d'un drame à Billom, et ne négligeant en aucune façon pour cela son ministère paroissial.

Rien ne se concluait à Gergovie sans son avis préalable, sans son approbation ; chacun s'adressait à lui comme on s'adresse à un père.

Ce qu'il a écrit de lettres, ce qu'il a fait de démarches pour rendre service à ses paroissiens, est incalculable.

Aussi que d'actions de grâces ! que d'épîtres reconnaissantes dans les feuilles jaunies que je compulse en traçant ces lignes !

J'en transcris quelques-unes au hasard de la plume :

« Alençon, le 14 mars 1858.

« Monsieur le curé,

« Je vous fais parvenir ces deux mots pour vous donner de mes nouvelles et en même temps en recevoir. Ce qui me fait beaucoup de peine, c'est de ne pouvoir vous les donner de bouche, car il me semble que, si j'étais auprès de vous, quoique militaire, vous seriez toujours le même à mon égard.

» Vous me pardonnerez si je vous ai contrarié quelquefois par ma légèreté, mais si je reviens au pays, je vous ferai oublier mon ingratitude.

» Je vous dirai que je vais de temps en temps à l'école chez un bon curé qui ne nous laisse pas oublier les règles de la religion, car, dans l'état militaire, on est souvent tenté par le vice, ce qui fait que l'on dédaigne la vertu.

» Ce bon curé va nous faire gagner nos Pâques pour nous récompenser de notre travail.

» J'aimerais encore mieux être auprès de vous pour recevoir vos bons conseils. Si je vous avais écouté, je ne serais pas dans la position où je suis actuellement.

» Enfin il fallait que je sois militaire pour me corriger un peu ; je ne manque jamais à mes prières matin et soir.

» Recevez, etc.

» M...

» Soldat au 98e de ligne. »

Si cet échantillon a mis le lecteur en goût, qu'il lise encore les lettres ci-après, qui sont textuellement reproduites et qu'on croirait inventées — quant à la forme — par l'auteur du *101e de ligne*, pour ne pas dire par le créateur du *Colonel Ramollot* :

« Subiaco (Italie), 12 juillet 1863.

« Monsieur le Curé,

« D'après les idées et les nouvelles que j'ai eues du pays, je m'oblige à vous écrire et à vous prier, en me soumettant à vos droits et forces, pour me rendre service.

» Mon cher et fidèle pasteur, je vous prie de vouloir bien parler à M. de C..., colonel dans la garde impériale, frère de mon colonel du 69e de ligne, qu'il fasse son possible avec mon colonel pour que je puisse passer dans la réserve.

» A présent qu'il vous est très facile dans ce moment, après la revue du général, en parlant à M. le colonel de la garde

impériale, je vous en prie infiniment de bien vouloir parler
pour un homme de votre village et paroisse.

» Les nouvelles du pays : nous sommes la compagnie dans
ce moment tout seuls pour les manœuvres ; nous sommes bien,
mais nous faisons quelques patrouilles à la montagne ; autrement nous sommes très bien, et je serais très content de savoir l'état de votre santé.

» Quant à moi, je me porte très bien, comme je désire que
la présente lettre vous trouve de même, avec une bonne santé ;
et que je vous prie de me faire réponse pour savoir les nouvelles de cette petite demande et du pays.

» Rien autre chose à vous marquer pour le moment.

» Je suis toujours votre fidèle serviteur et paroissien ; je
vous salue infiniment.

» Mes compliments.

» D...

» Grenadier au 69ᵉ de ligne, à Subiaco,
» près Rome (Italie). »

. . . .

« Rome, le 25 septembre 1863.

« Cher ami et pasteur,

« Je m'empresse de faire réponse à votre lettre, qui m'a fait
un grand plaisir en m'apprenant que vous êtes toujours bien
portant, et que vous avez bien travaillé pour moi chez mon
colonel et chez l'autre qui est passé général. Malheureusement
tout est impossible.

» Mais il y a encore un autre moyen, c'est que si le colonel
voulait, il pourrait m'envoyer en convalescence, et une fois
chez nous, je ne retournerais plus au régiment.

» Je vous prie encore de vouloir bien faire cette demande
pour essayer, car il y en a déjà trois au régiment qui sont
partis de cette manière.

» Vous m'avez parlé de la Sainte Vierge, comme on dit en
français ; de la Madone, comme on dit en italien. Je n'ai pas
vu les miracles qu'elle a faits, mais j'ai vu l'image miraculeuse
de Vicovare, en venant de Subiaco pour retourner à Rome.
J'ai vu les présents qui ont été donnés par des gens riches, et
les béquilles des boîteux qu'elle a fait marcher.

» Il vient du monde de tous côtés, et c'est étonnant de voir comme on prie cette Madone.

» Je finis ma lettre en vous saluant.

» Votre toujours appliqué paroissien,

« D... »

. . . .

« Rome, 1er janvier 1864.

« Monsieur le curé,

« De tout mon cœur je me mets à l'œuvre pour faire réponse à votre dernière lettre, que j'ai reçue avec un sensible plaisir. Je regrette beaucoup que vos peines aient été inutiles, car de plus en plus je me déplais dans le métier (1) ; mais qu'importe ! Je sais que ce n'est pas de votre faute, et je vous en suis tout aussi reconnaissant.

» D'abord il n'y a plus que patience à avoir, si la guerre de Pologne n'a pas lieu.

» Je vous écris ces quelques lignes, c'est aussi à l'occasion du jour de l'an ; ainsi, par la présente je fais vœux et je souhaite que la nouvelle année vous soit heureuse et prospère, une parfaite santé et tout ce que vous pouvez désirer.

» Je termine en vous serrant la main d'amitié.

» Votre dévoué serviteur,

« D... »

. . . .

On ne lira pas avec moins de plaisir — dans un autre genre — la lettre suivante adressée au P. Olivier par le juge de paix du canton de V.-M..., en réponse à une requête formulée par le curé de Gergovie au profit de deux jeunes gens de sa paroisse :

« V.-M..., 14 octobre 1872.

« Monsieur le curé,

« Je ne suis pas habitué à recevoir des félicitations ni des remercîments pour mes jugements, et bien peu de plaideurs

---

(1) C'est peu digne d'un descendant de Vercingétorix ; mais que voulez-vous ? il ne se plaisait pas « dans le métier ! » N'a pas la vocation militaire qui veut.

(Note de l'auteur.)

m'appellent leur « doux juge » ; ils ont au contraire, dit-on, vingt-quatre heures pour me maudire ; ce délai passé, nous avons le droit de sévir. Mais il n'est rien dit au sujet des félicitations : il paraît qu'elles n'étaient pas prévues.

» Vous n'êtes pas comme le plaideur qui demandait à son juge la permission de lui expliquer à sa manière les abréviations J. N. R. J. qui se trouvaient au-dessus du Christ placé derrière le juge, lequel ne s'y opposa point ; le plaideur lui dit : J. veut dire *judex* ; N. *nunquàm* ; R. *rectè* ; J. *judicas* ; ce qui faisait : *Judex, nunquàm rectè judicas* (1).

» Mais vous, mon cher pasteur, parce que vous êtes la justice et la bonté réunies, vous pensez que nous vous ressemblons ; — nous, nous avons le cœur sec presque par obligation ; nous voyons toujours l'application de la loi, rien que cela : *Dura lex, sed lex.*

» Cependant il ne nous est pas défendu d'être humains, et nous le sommes autant que les bons gendarmes, si nécessaires au maintien de notre édifice social.

» Pour la petite affaire qui concerne vos deux paroissiens, je m'étais bien promis d'être un peu plus sévère ; les pierres sont dures dans votre paroisse, et les têtes, quoique un peu dures aussi, le sont pourtant moins ; puis les pierres y sont partout et l'on n'a qu'à se baisser pour s'armer.

» Est-ce cette profusion de pierres lourdes, compactes et tranchantes ? Est-ce un reste des mœurs des Arvernes ? On ne peut se l'expliquer ; mais il est certain qu'il ne serait pas difficile d'y être lapidé.

» C'est pour cela que je voulais faire un exemple et appliquer 24 heures de prison à vos deux Arvernes ; mais j'avoue que votre bonne lettre m'a un peu désarmé. Un excellent pasteur qui, comme vous, aime bien son troupeau et intercède pour deux de ses paroissiens, a une certaine influence, même sur un juge sévère comme moi.

» Puis nos deux délinquants ont parfaitement avoué leur fait, et cela sans détours, ce qui est une circonstance très atténuante ; ils portaient encore l'un et l'autre des *croques* à la tête, et partant ils étaient quittes ; pour des *bosses*, il y en avait aussi, mais c'est un détail quand il y a de bonnes *croques*.

» C'est pour cela que j'ai mis de côté l'article 478 du Code

---

(1) Juges, tu ne juges jamais avec rectitude.

pénal et que je me suis borné à prononcer 5 francs d'amende contre chacun d'eux ; ce qui fera, les frais compris, de 9 francs à 9 fr. 50.

» Vous trouverez sans doute que c'est assez comme cela : battus, condamnés et contents.

» Seulement je leur ai fait observer très paternellement que s'ils recommençaient, ils n'éviteraient pas la prison. Je leur ai conseillé de redevenir amis et de sceller leur réconciliation en trinquant ensemble : ce qu'ils ont scrupuleusemeut exécuté.

» Cela me rappelle une affaire de T.... dans laquelle deux femmes s'étaient injuriées sans beaucoup de gravité. L'une avait commencé et tenu des propos un peu plus graves que l'autre : je la condamnai à 4 fr. de dommages-intérêts à payer à l'autre.

» Pendant que sur le bureau de la justice de paix elle comptait ses 4 fr., celle qui allait les recevoir lui dit : «Ah ! coquine, tu t'en tires à bon marché. »

» Je lui dis : Puisque vous l'appelez *coquine* devant moi, cela vaut bien 2 fr ; vous n'aurez plus que 2 fr. à recevoir. »

» La première reprit 2 fr. sur 4 et la seconde fut bien attrapée.

» Voilà notre justice à nous, juges de paix ; nous jugeons en famille, mais nous ne pouvons nous écarter de la loi... »

Je ne sais si les juges « nouvelles couches » de M. Martin-Feuillée écrivent comme cela ; en tous cas, voilà une lettre lestement troussée et qui trahit un magistrat comme il en faudrait beaucoup.

Que d'autres extraits intéressants je pourrais faire des lettres reçues par le P. Olivier !

Tantôt c'est un professeur de dessin qui lui écrit de Paris :

« Il y a eu ces jours-ci un an que nous eûmes le plaisir d'être reçus par vous...

»... Au moment où votre serviteur vous écrit, au lieu d'être à Gergovie, il est dans sa classe de dessin au milieu de ses élèves. Il est 9 h. du soir. Non loin de sa classe où l'on dessine, il y a celle où l'on chante, et aussi celle où l'on apprend à lire.

Quand on est professeur, il faut gourmander : cela ne vaut pas voyager ; mais chaque chose a son temps. »

Tantôt c'est un ancien élève du petit-séminaire de Clermont qui lui adresse cette lettre au lendemain de la Commune :

« ... J'ai repris le cours de mes travaux habituels. Le ministère des finances ayant été entièrement brûlé, nous sommes installés dans la partie du Louvre restée intacte.

« Que de ruines ! c'est effrayant !... Et pourtant Paris reprend chaque jour une vie nouvelle ; l'affluence des étrangers est prodigieuse ; quelques années de calme et de sagesse effaceront promptement les traces de nos discordes... »

Toutes ces lettres témoignent des sympathies inaltérables que le P. Olivier savait inspirer à ceux qui avaient l'occasion de le connaître, sympathies résultant de sa nature aimante et loyale, et aussi de ce qu'il pratiquait excellemment le précepte évangélique : *Tout à tous.*

CHAPITRE HUITIÈME.
Une ancienne connaissance.

LE lecteur se souvient-il... — c'est beaucoup lui demander, mais enfin je me hasarde — le lecteur se souvient-il d'un des quatre jeunes gens avec lesquels il a eu l'occasion de faire connaissance au début de ce volume ?

Je veux parler du clerc de notaire Gallus, « qui intervenait à titre d'élément conciliateur », en 1822, à Douai, dans les discussions qui pouvaient s'élever alors dans le quintette amical dont Olivier, « garsson de magazin », faisait partie, lui cinquième.

Le P. Olivier, curé de Gergovie, qui avait le culte de l'amitié, avait souvent pensé à ce Gallus sans trouver le temps de lui écrire : il craignait de recevoir en réponse l'annonce de sa mort.

Cependant, en janvier 1872, — le P. Olivier entrait alors dans sa soixante-dixième année, — le vieillard, se ressouvenant des compagnons du temps jadis, éprouva un impérieux besoin de savoir ce qu'ils étaient devenus.

Il écrivit à Douai, à tout hasard.

Quinze jours après, la poste lui apporta un pli volumineux se composant de huit pages *in-octavo* remplies d'une écriture fine et serrée ; c'était la réponse de Gallus.

Nous allons, si le lecteur le veut bien, jeter sur cette missive un regard indiscret pour y relever les passages de nature à nous intéresser :

« Douai, 2 février 1872.

« Mon cher ami,

« Après un silence d'environ 50 ans de part et d'autre, une réponse telle que celle que tu me demandes devient une affaire. Réduire 50 ans en quelques lignes, c'est une tâche assez difficile. Enfin je vais essayer.

» Ta bonne lettre m'a rappelé le temps où l'on vivait au jour le jour, goûtant le plaisir paisible du présent sans s'inquiéter du lendemain, où tout était sujet de joie et de gaîté.

» Quelques années après ton départ de Douai, j'achetai une étude de notaire ; j'étais encore garçon et libre, libre à la condition d'être toujours là, ne pensant qu'aux intérêts d'autrui, ayant besoin pour maintenir la confiance du public de dix fois plus de circonspection et de régularité que l'homme marié.

» Toutefois je m'étais habitué à ma vie tranquille et à passer mes soirées chez moi à fumer avec quelques camarades. J'avais du reste, pour soigner mon ménage, une vieille bonne qui m'avait connu enfant et dont les soins presque maternels rendaient la situation supportable.

» A la fin, la fréquentation des camarades arriva à ne plus me suffire. Ma maison était transformée chaque soir en estaminet où chacun de mes compagnons était plus maître que moi-même, — ce qui frisait un peu l'inconvenance.

» Je cherchai alors à transformer mon existence et me mis, dans ce but, à chercher une femme.

» Je courus en vain quelque temps les fêtes et les bals ; je nouai des liaisons avec des familles honorables ; mais lorsque le moment de me prononcer arrivait, le courage me manquait ; je craignais ici le luxe, le train de la maison ; là un caractère entier et difficile ; d'un autre côté de la légèreté, ou bien quelquefois des déceptions de fortune.

» J'étais on ne peut plus malheureux et défiant, plus défiant contre moi-même que contre les autres, car je craignais toujours de ne pouvoir me plier au caractère d'une femme et de ne pas la rendre assez heureuse.

» Enfin un de mes oncles me trouva ce qu'il me fallait : la fille d'un homme très considéré et possédant une grande fortune, quoiqu'il eût six enfants.

» Un beau jour, je devais partir pour aller disposer le contrat ; je manque la voiture et reviens chez moi, remettant l'affaire à plus tard ; mes occupations me retinrent plus longtemps que je ne le pensais ; un peu de froid se mit dans nos rapports à cause de ce retard, et j'ai tout par un coup la surprise de lire dans un journal que mon beau-père — ou plutôt manqué — faisait une faillite de trois millions.

» Tu conviendras qu'il n'en fallait pas davantage pour glacer complétement mes ardeurs matrimoniales.

» Je demeurai quelque temps ainsi, bénissant chaque jour le Ciel de m'avoir épargné la charge de toute une famille tombée dans la misère, père, mère et six enfants. Cependant, comme je m'ennuyais chaque jour de plus en plus, comme les mariages successifs de mes amis ne faisaient que m'isoler davantage, comme la compagnie de ceux qui venaient encore flaner chez moi à mes dépens me souriait de moins en moins, je saisis une occasion que me présenta le même oncle qui avait eu la main si malheureuse une première fois. Cette fois, par exemple, l'oncle ne s'était pas trompé.

» Le 3 juillet 1844, j'epousai Mlle Delphine C..., fille d'un agronome distingué, possédant une belle fortune au soleil et ayant élevé parfaitement ses enfants (fille et garçon).

» Me voilà donc marié, mon brave abbé, et j'en bénis Dieu chaque jour, car ma femme est un trésor de bonté et de douceur.

» Le 22 septembre 1845, pour comble de bonheur, elle me donnait une fille dont la naissance faillit lui coûter la vie : j'avais une enfant assez mignonne de corps, mais pétrie d'intelligence et de gentillesse.

» Notre petite avait un esprit d'à-propos étonnant, un raisonnement d'une gravité au-dessus de son âge.

» Cette précocité me donnait souvent de graves inquiétudes que l'évènement n'a malheureusement que trop justifiées.

» Nous évitions d'exercer trop vivement ses facultés ; ma femme ne voulait même point lui enseigner la musique. Malgré cela, à force de patience, ma fillette (à six ans) finissait par trouver sur le piano l'air qu'elle avait en tête. Elle en venait à bout et y joignait un quasi-accompagnement de sa façon qui n'était jamais faux.

» Pauvre petite si tendrement aimée !... Elle était d'une beauté vraiment angélique ; ses cheveux étaient noirs ainsi que ses yeux, dont l'éclat et la grandeur étaient ravissants.

» Juge, mon ami, si je devais être heureux ! Tout chez moi était joie et plaisir avec une femme si bonne et une enfant si charmante.

» Notre bonheur même me tourmentait : sans être fataliste, il me semblait que c'était trop de félicité et que Dieu devait nous frapper.

» Et en effet il nous a rudement éprouvés, car la perte de cette petite a été pour nous une chose atroce : tout notre bonheur a été détruit d'un coup.

» Cette pauvre enfant, malgré nos soins, malgré les médecins (j'en fis venir tour à tour cinq de Paris), est morte de langueur après être restée deux mois au lit. Nous avons eu la douleur de la voir s'éteindre petit à petit, cette vie à laquelle était attaché notre bonheur en ce monde ; notre enfant bien-aimée rendit le dernier soupir en nous caressant encore, en répondant des yeux et de ses petites mains à nos paroles d'amour... après 20 heures d'agonie !

» Mon cher abbé, je ne puis retenir mes larmes en te faisant ce triste tableau, que j'ai sans cesse présent à la pensée et qui empoisonne mon existence.

» Autrefois notre vie s'écoulait si paisible ! Ma femme, qui a un assez joli talent sur le piano, faisait avec moi de la musique ; nous avions une fois au moins par semaine musique le soir ; on jouait ou chantait des duos, des trios. Notre enfant, dont la voix était juste et la mémoire facile, était heureuse de chanter des romances, montée sur un tabouret, pendant que sa mère l'accompagnait sur le piano. Ma joie allait jusqu'aux larmes en l'entendant ; son souvenir m'arrache encore des larmes, mais celles-là sont bien amères...

» Mais c'est assez parlé de ce désolant sujet...

» Le temps seul pourra apporter quelque adoucissement à ce chagrin : il me reste d'ailleurs l'avantage d'avoir un ménage uni et dont la parfaite harmonie n'est jamais troublée.

» J'ai vendu mon étude à mon premier clerc ; j'ai, je l'avoue, quitté le notariat sans regret, enchanté d'être débarrassé de la responsabilité de veiller aux intérêts des autres, et cela sans compter, je ne dis pas sur la reconnaissance, — le mot seul est resté dans le dictionnaire, — mais même sur la gracieuseté des clients. Fort heureux encore devez-vous vous estimer si le client à qui vous avez donné une fortune ou évité un grand désastre, ne va pas le lendemain, s'il a une affaire lucrative, la porter à un autre notaire *mirliflor* qui papillonne dans le monde et étale son ignorance dans un habit coupé à la mode du jour.

» Que si vous vous plaignez du procédé en question, lui rappelant le service rendu, il a l'outrecuidance de vous répondre que vous n'avez fait que votre devoir et que vous étiez payé pour cela.

» Je suis sorti de cette galère ; bon débarras !

» Quant aux anciens amis dont tu me demandes des nouvelles, voici ce qu'ils sont devenus :

» Birkadem a tenu ce qu'il avait promis, hélas ! Il est devenu un mauvais sujet. S'étant brouillé avec ses parents à la suite de nombreuses dettes qu'il les avait obligés à payer, il s'est engagé au 8ᵉ chasseurs, où il devint sergent-fourrier. Un jour, se trouvant dans l'impossibilité de combler le déficit de sa caisse par suite des emprunts répétés qu'il y avait opérés, il se rendit chez un armurier, acheta un pistolet, alla dans un hôtel, s'enferma dans une chambre et se fit sauter la cervelle.

» Postillon a succédé à son père dans son commerce de confiserie et pâtisserie ; il est maintenant grand-père. Un seul changement s'est opéré en lui, c'est qu'il vous envoie à la figure, quand il vous parle, beaucoup plus de *postillons* qu'autrefois. Aussi les clients aiment-ils mieux affronter le feu des regards d'une de ses petites-filles, mariée depuis peu, et qui tient le comptoir, que la mitraille du grand-père.

» L'Anglais a fait son chemin. Il a gagné beaucoup d'argent dans son métier d'architecte et est l'auteur d'un ouvrage spécial d'architecture, avec planches coloriées, qui a, dit-on, un grand mérite.

» Tu me demandes en terminant quand j'irai te voir... Eh ! mon ami, l'Auvergne n'est point à deux pas de Douai. Pourtant je ne refuse pas absolument : un jour peut-être irons-nous, ma femme et moi, te demander l'hospitalité dans ton presbytère perché, dis-tu, comme un nid d'aigle.

» Je t'embrasse de tout cœur,

« GALLUS. »

Cinq ans après le P. Olivier recevait du même ami le bout de billet que voici :

« 24 décembre 1877.

« Je viens de perdre ma femme... Je suis fou de douleur... Malgré la saison avancée, je partirai dans quelques jours pour aller demander au seul ami capable de me comprendre les consolations suprêmes dont j'ai besoin.

« GALLUS. »

CHAPITRE NEUVIÈME.

Trop Tard !

L E 27 décembre 1877, vers neuf heures du matin, une calèche gravissait le chemin en pente rapide qui, après avoir quitté la grand'route, conduit à Gergovie. Le ciel était gris et sombre, le vent aigre.

Le cocher pressait l'allure de ses chevaux, qui, après

un temps de galop, se remettaient au pas, rebutés par la raideur de la côte, — *iniquitas loci.*

Arrivée tout proche des premières maisons du village, la voiture fit halte : le voyageur qu'elle contenait abaissa la glace d'une des portières pour avoir l'explication de cet arrêt : le vent lui apporta l'écho de versets latins modulés sur un ton funèbre.

Il mit pied à terre, envahi par une appréhension subite.

A cet instant un cortège nombreux déboucha ; c'était un enterrement.

A en juger par les rangs compacts qui précédaient le cercueil, toute la population de l'endroit devait être là. En outre, — symptôme qui redoubla les alarmes du voyageur, — la douleur la plus sincère était empreinte sur les visages des assistants.

Les chantres psalmodiaient : *Si iniquitates observaveris, Domine, Domine, quis sustinebit ?*

Et le vent, qui faisait rage, entrecoupait les éclats de leurs voix ou les prolongeait à la façon d'une plainte lugubre.

Le cercueil, porté par six paysans tout en larmes, apparut enfin : le drap mortuaire supportait un surplis et une étole.

Celui qu'on enterrait, c'était le curé de Gergovie, c'était le P. Olivier.

M. Gallus avait eu beau faire diligence, il était arrivé trop tard pour revoir son vieil ami.

. . . .

. . . .

. . . .

« Quand vous m'enterrerez, avait dit le P. Olivier

» quelques jours avant sa mort, vous me ferez faire le
» tour du village : je veux dire adieu à tous mes parois-
» siens. »

C'est à ce désir sacré du mourant qu'on satisfaisait.

« Au cimetière, avait dit encore le P. Olivier, vous
» m'enterrerez près de la porte. J'ai remarqué, en effet,
» que les femmes, lorsqu'elles passent devant le cime-
» tière, n'ont pas toujours le temps d'entrer ; elles s'a-
» genouillent vers la porte pour faire une courte priè-
» re. Lorsqu'elles apercevront ma tombe à cet endroit,
» elles penseront plus facilement à moi que si j'étais
» au milieu du cimetière, et prieront pour leur vieux
» curé. »

Ce souhait-là ne fut pas exaucé.

Le Père Olivier repose à la place d'honneur, c'est-à-
dire à la place qu'il méritait. Il ne risque pas pour cela
d'être oublié.

Son souvenir vit et vivra longtemps dans la mémoire et dans le cœur des habitants de Gergovie, comme
le souvenir d'un père tendrement aimé vit dans la mémoire et dans le cœur de ses enfants.

CHAPITRE DIXIÈME.
L'héritage du P. Olivier.

Après la mort du P. Olivier, on trouva pour toute fro-
tune, dans son secrétaire, une somme de 80 francs ; son
cercueil en coûta 70.

Que de fois n'avait-il pas dit : «Il ne faut emporter avec
nous que le souvenir de nos bienfaits ! »

Il s'était tenu parole.

POST-SCRIPTUM.

Mon but, en écrivant ces pages, a été de prouver, non pas certes que les jeunes lévites qui se destinent à l'état ecclésiastique doivent passer préalablement par le théâtre — ce serait prendre le chemin des écoliers, — mais bien que tout chemin mène à Rome, quand il plaît à Dieu.

J'ajoute que si la recherche de ce but n'a présenté au lecteur ni assez d'intérêt ni assez d'édification, la faute n'en est pas au héros de cette histoire : elle incombe tout entière à son biographe.

Joannès GUETTON,

Rédacteur en chef de la Gazette d'Auvergne.

Table des matières.

LE MOIS DES AMES POUR TOUS, petit mois populaire des âmes du Purgatoire, brochure in-32, prix fr. 0.15 ; 10 fr. le cent.

Nous ne pensons pas pouvoir recommander à ceux qui veulent propager la dévotion aux âmes du Purgatoire, un meilleur opuscule que ce petit mois ; il convient à tous, aux familles catholiques, aux ouvriers, aux enfants des écoles et des patronages. Il contient, pour chaque jour, une lecture sur la dévotion aux âmes du Purgatoire, un exemple, une résolution et une prière.

ACTES POUR LA BONNE MORT, feuillet de 6 pages, encadrement orné, rouge et noir . . . . fr. 5 le cent.

Ces Actes sont ceux que l'illustre et pieux Cardinal DECHAMPS avait composés pour lui-même. Ils sont publiés tels qu'il les a écrits de sa main. On se convaincra facilement qu'ils seront profitables à tous les fidèles, soit pour eux-mêmes, soit pour préparer les autres à la bonne mort.

COURTES PRÉPARATIONS A LA MORT, à faire chaque jour. — Deux pages, filets rouges : 2 fr. le cent, 15 fr. le mille.

La préparation à la mort imprimée sur ce petit feuillet est indulgenciée. Elle est suivie d'une *Prière à Marie pour obtenir une bonne mort*, et d'invocations pieuses.

MANUEL DE PRIÈRES LITURGIQUES POUR LES DÉFUNTS. . . Prix broché, fr. 1. Édition latin-français, fr. 1.50.

Excellent petit manuel contenant : l'office des morts, les prières de la levée du corps, la messe de l'enterrement, les cérémonies et les prières de l'inhumation, les funérailles des enfants, les prières qui se disent quand le corps n'est pas présent, et toutes les messes anniversaires et oraisons pour les défunts.

Nous signalons la reliure chagrin noir tranche argent, empreintes argentées sur les plats, que la société de St-Jean l'Evangéliste vient d'appliquer à ce petit livre, ce qui en fait un véritable livre de prières pour le deuil.

Collections de livres de distribution de prix.

Première Série.

Format in-8° à 4 francs *le volume de 4 à 500 pages. Impression de luxe, encadrements rouges, lettrines, têtes de page, papier fort.*

LES CARACTÈRES DE LA BRUYÈRE, édition faite spécialement pour la jeunesse, et accompagnée de notes historiques et philologiques éclaircissant tous les passages obscurs.. ... ...   1 vol

L'ÉLOQUENCE ACADÉMIQUE. Choix de discours prononcés en séance de l'Académie française depuis son origine jusqu'à nos jours... ... ...   1 vol.

Deuxième Série.